# ビジネスは
## Give a Logical Presentation
# ロジカルに
## Speak Comprehensibly And
# 伝える!
## Logically Anyplace, Anytime

わかりやすく、
論理的なプレゼンの技術

上田 禎
グローバルナレッジマネジメントセンター講師

すばる舎

# はじめに

　私はAMA（アメリカンマネジメントアソシエーション：現・グローバルナレッジマネジメントセンター）という組織で2001年からビジネス研修プログラムの開発や講師をしています。

　メーカー、金融機関、シンクタンク、コンサルティングファームなど数多くの企業向けに研修をファシリテートしてきました。

　1993年にビジネススキルのトレーニング分野で90年以上の歴史と実績を持つ米国AMAが日本で活動を開始しました。

　2012年には、グローバルナレッジマネジメントセンターと名称を変えて、AMAのサービス以外も強化し、リーダーを育成するために必要な要素を開発・提供しています。

　私が担当する内容は、マネジメント研修、リーダーシップ研修、戦略系研修、クリティカルシンキングなどの思考系研修、コミュニケーション研修、プレゼンテーション研修など多岐にわたります。

中でもロジカルプレゼンテーション研修は数多く開催してきており、一つの企業だけで数百人に対して実施しているところも複数あります。

　人材育成の道に進む前は、日本電気株式会社（NEC）で海外グループに在籍し、マーケティングや現地法人支援の仕事に従事していました。

　この頃、役員会で専務が使う発表資料に社内でいち早く電子プレゼンテーションソフトを採用しました。上司とともに役員会に出席してプレゼンのサポートをしていた経験があり、これらの経験もプレゼン研修をするうえでとても活きています。

　論理的なコミュニケーションやプレゼンテーションのスキルは、学習と訓練で後から身につけて鍛えることができる領域です。

　もう少し説得力のあるプレゼンをしたい、プレゼンの精度を上げたいという人はぜひ、本書で、論理的に「聴く」、「考える」、「伝える」の各プロセスを見直してみてください。

　もしかしたら、「伝える」ところではなく「聴

く」ところに弱点があったのかもしれません。あるいは「考える」ところが不足気味だったのかもしれません。

　プレゼンテーションのスキルを向上させるには場数や経験が必要です。しかし、やみくもに実践するのではなく、効率的にスキルを習得するためにも、ロジカルプレゼンテーションについて体系的に学んで、名プレゼンターになっていただきたいと思います。

　本書がそのお役に立てれば幸いです。

グローバルナレッジマネジメントセンター講師

上田　禎

|ビジネスはロジカルに伝える！|目次|

はじめに ………………………………………………………… 003

## 第1章
## ロジカルなコミュニケーション能力

- ■ ビジネスは論理的(ロジカル)であることが
  求められる理由 ……………………………………… 012
  - ・「ロジカル」は誰にでもわかるように表現できるツール … 014
- ■ 提案が差し戻される2つの理由 ……………………… 015
  - ・なぜそう言えるのか「縦の論理」……………………… 015
  - ・それ以外には考えられないのか「横の論理」…………… 016
- ■ ロジカルであっても本質的に
  重要でないこともある ……………………………… 019
- ■ ハイコンテクスト／ローコンテクスト
  コミュニケーション………………………………… 022
- ■ プレゼンとは説得のコミュニケーション ………… 027
- ■ プレゼンの目的は何？
  ──意思決定者の決裁を勝ちとること ……………… 029
- ■ 聴く・考える・伝えるの3つすべてを
  ロジカルにする必要がある ………………………… 030
- ■ 相手と目的によって、
  ロジカルに考える範囲と深さは変わる …………… 031
- ■ テーマのヒアリングからプレゼンまでの流れ …… 036
  - ・「聴く」段階 ……………………………………… 037

i

- 1. ゴールの確認 …………………………………… 037
- 2. 前提条件の確認 ………………………………… 037
- 3. フィンランドカルタの活用 …………………… 038
- 4. 仮説のスタンスを決める……………………… 038
- ・「考える」段階………………………………………… 039
- 5. ロジックツリーで解決策を考える …………… 039
- 6. 最終提案を決める ……………………………… 039
- ・「伝える」段階………………………………………… 040
- 7. プレゼンのストーリーを作る ………………… 040
- 8. ストーリーに沿ったスライドを作る ………… 041
- 9. デリバリー（伝達） …………………………… 043

# 第2章
# ロジカルに聴く

## ■ ロジカルに聴くということ……………………………… 046
- ・正確に聴く ………………………………………… 046
- ・状況を把握する「5W2H」……………………… 049

## ■ フィンランドメソッドを使ってロジカルに聴き出す ……………………………………… 050

## ■ フィンランドカルタを使ったメモ法 ……………… 052
- ・話を聴きながらキーワードを押さえる ………… 052
- ・キーワードに対して聴きたいことを押さえる ……… 056

## ■ 解決すべき論点（イシュー）を抽出できる質問を考えてみる ……………………… 060
- ・仮説のスタンスを決める ………………………… 060

# 第3章
# ロジカルに考える

## ■ 問題解決には2つの意味がある
　——問題解決型／課題達成型 ……………………………… 064
## ■ 問題と課題の違い ………………………………………… 065
・「問題」とは ………………………………………………… 065
・「課題」とは ………………………………………………… 065
・「問題」を解決するロジックツリー ……………………… 066
・「課題」を解決するロジックツリー ……………………… 068
## ■ 2つの視点でアプローチを決める ……………………… 072
・分岐を考える ……………………………………………… 073
・問題解決なら ……………………………………………… 074
・課題達成なら ……………………………………………… 074
## ■ ロジックツリーで仮説に必要な根拠を抽出する ……… 075
・相手が経営層に近い（視野が広い）場合 ……………… 076
・相手が現場に近い（視野が狭い）場合 ………………… 077
・ロジックツリーを描いて考える ………………………… 077
・why ツリーを描いて考える ……………………………… 080
・so how ツリーを描いて考える …………………………… 083
## ■ 提案の内容評価と決定基準 ……………………………… 086
・評価項目が2つの場合 …………………………………… 086
・評価項目が3つ以上の場合
　AHP (Analytic Hierarchy Process) 法 ……………… 088

# 第4章
## ロジカルに伝える

- ■ プレゼンのストーリーを考える ……………………… 098
  - ・ロジカルチェックリストの活用 ……………………… 098
- ■ ダイヤモンドモデルでストーリーを考える ………… 100
  - ・注意を引く ……………………………………………… 101
  - ・メイントピック ………………………………………… 101
  - ・サブトピックの紹介1,2,3 ……………………………… 102
  - ・サブトピック1 ………………………………………… 102
  - ・サブトピックの要約1,2,3 ……………………………… 102
  - ・結論 ……………………………………………………… 102
  - ・アクションプラン ……………………………………… 102
- ■ 共感から入って納得に落とす
  説得の4ステップ ……………………………………… 104
- ■ ワンビジュアル、ワンメッセージで
  スライドを作る ………………………………………… 105
  - ・詳細な資料は配付資料にして用意する ……………… 107
- ■ デリバリー(delivery) ………………………………… 109
- ■ ビジュアル(visual) …………………………………… 111
  - 1. 服装 …………………………………………………… 111
  - 2. 立ち方・姿勢 ………………………………………… 112
  - 3. 表情 …………………………………………………… 115
  - 4. ジェスチャー ………………………………………… 115
  - 5. アイコンタクト ……………………………………… 118
- ■ ボーカル(vocal) ……………………………………… 120
  - 1. 声の大きさ …………………………………………… 120
  - 2. 速さ …………………………………………………… 120

- 3. 抑揚 ............................................................ 121
- 4. 間 ............................................................... 121
- ■ バーバル（verbal） ............................................ 123
- ■ プレゼンターの情熱は十分か？ ............................... 126

# 第5章 事例

- ■ 事例で学ぶロジカルなプレゼン ............................... 128
- ■ 事例内容 ....................................................... 130
  - ・レベルA .................................................... 130
  - ・レベルB .................................................... 130
  - ・レベルC .................................................... 131
  - ・事例1　レベルA・問題解決 ............................. 132
  - ・事例2　レベルA・課題達成 ............................. 148
  - ・事例3　レベルB・問題解決 ............................. 166
  - ・事例4　レベルB・課題達成 ............................. 182
  - ・事例5　レベルC・問題解決 ............................. 198
  - ・事例6　レベルC・課題達成 ............................. 218

引用文献・参考文献 ................................................ 235
おわりに ............................................................ 237

第1章

# ロジカルな
# コミュニケーション能力

## ビジネスは論理的（ロジカル）であることが求められる理由

　実は上司から「君の話は論理的じゃないんだよね」と言われることが多くて、参加することにしました――

　これは私がAMA「論理的コミュニケーション」で講師を務めているクラスに来る方が、時々口にする受講理由です。

　でも研修の間、その方の話に注意深く耳を傾けると、意外に論理的な話し方をしているのです。

　その同じ言葉が、上司には「非論理的」に聴こえている。これはいったいどういうことなのでしょうか？

　そもそもコミュニケーションとは何かを考えてみましょう。英語のCommunicationを分解すると「Com（ともに・共通の）」+「uni（単1の）」+「ation（そのようにする行為）」=「ともに1つにする行為」となります。では何を「ともに1つにする」のか。

　例えば互いの思い、考え、感情、イメージ、映像など、自分と相手の頭の中を「ともに1つにするという行為」がCommunicationです。

一方的に「言うだけ」「ただ聴くだけ」というように、自分と相手の頭の中が共有されていない状態を、コミュニケーションが成立しているとは言えないのです。

　冒頭の例で言うと、「君の話は論理的じゃないんだよね」という上司のフィードバックは、上司は「わからないよ（共有できないよ）」「わかりにくいよ（共有しにくいよ）」というメッセージなのです。

　ではなぜ、ビジネスにおいて、ロジカルであることが求められるのか。

　それは、ロジカルなほうが聴き手の負担も少なく、素早く正確に理解し、納得しやすいからです。

　聴き手の立場から見ると、「何を言いたいのか

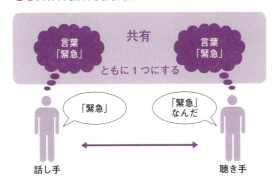

（結論）」「なぜ、そうなのか（理由）」「本当にそう言えるのか（裏づけ）」が揃っているほうが共有しやすい。つまり、聴き手に納得してもらうためにロジカルなコミュニケーションが効果的だということです。

> **ロジカルであるとは**
>
> 結論・理由・裏づけの3点セットが揃っていること。この3点が合理的であること。

■ 「ロジカル」は誰にでもわかるように
　表現できるツール

　ビジネスに限らず、コミュニケーションが大切な理由は、自分と相手は異なる人間だからです。

　仮に相手が自分と同じ受け止め方、同じ考え方をするなら、コミュニケーションをとらなくても、自分が納得したことを相手も必ず納得するので苦労はしません。

　残念ながら他人は自分と異なる受け止め方をするもので、異なる考え方をすることが多いのです。

　だからこそ、特にビジネスシーンでは「Aです。なぜならばBだからです。その証拠にCです」のように提案をロジカルに説明することによっ

て、相手に「なるほど！」を引き起こし、承認される確率を高める必要があるのです。

## 提案が差し戻される2つの理由

ビジネスにおいて「提案が差し戻されてしまう」「納得してもらえない」という理由は大きく分けて2つあります。

- **結論には問題なさそうなのに、理由や根拠**（縦の論理）**が不十分で差し戻されてしまう場合**

- **結論を導くまでに考えられるすべての項目**（横の論理）**について考え尽くされているかが不十分な場合**

### ■なぜそう言えるのか「縦の論理」

「言いたいことはわかるけど、なぜそう言えるの？」「裏づけはあるの？」……

主張（結論）に対する理由や、理由の裏づけが不十分だと、なかなか納得してもらえません。

このように理由を縦に深掘りする質問に対して答えられない状態では、提案が差し戻されてしまうことがよくあります。

これは「縦の論理」が不十分だということです。

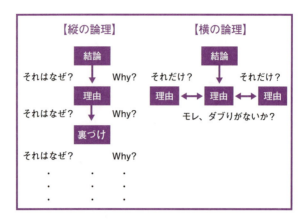

## ■それ以外には考えられないのか「横の論理」

「言いたいことはわかるけど、今のように一面的な理由だけでは、とても承認するわけにはいかないなぁ」……

このように、主張（結論）に対する理由が多面的でない（意思決定するにはモレ、ダブりがある）と提案が差し戻されてしまうことがあります。

これは「横の論理」が不十分だということです。

経営コンサルタントが使うロジカルシンキングでは、「モレ、ダブりなく考える」という横の論理のことをMECE（ミーシー：Mutually Exclusive and Collectively Exhaustive）と呼んでいます。（→p.076）

ある事象に対してモレ、ダブりなく考えるとい

うことは全体像が見えないと難しいかも知れません。例えば、人間を男女に分けるとか、10歳ごとの年齢で分けるという方法なら誰にでもすぐわかります。

けれども、事業戦略を考えるとか、広告戦略を考えるというような場合は、全体像がわかりにくいので、フレームワークを使ってモレ、ダブりのないようにチェックしていく方法がとられます。

経営戦略なら「3C分析[*1]」が使われますし、広告戦略なら「4P[*2]」というフレームワークがよく使われます。

---

[*1]「3C分析」とは市場や競合分析から成功要因を見つけ出し、自社の戦略に活かす分析をするフレームワーク。市場(customer)・競合(competitor)・自社(company)を指す。
[*2]「4P」とはエドモンド・ジェローム・マッカーシー(Edmund Jerome McCarthy)により、1960年代に提唱されたマーケティングミックスのフレームワークの1つ。製品(Product)、価格(Price)、流通(Place)、販促(Promotion)を指す。ただし、この4Pは売り手視点であるとして、最近では顧客視点の「4C」を使われることがある。
「4C」とはロバート・ラウターボーン(Robert F.Lauterborn)により、1990年代に提唱された、マーケティングミックスの新たな概念で、顧客価値(Customer Value)、顧客にとっての経費(Cost)、顧客利便性(Convenience)、顧客とのコミュニケーション(Communication)を指す。

ですが、実際に会社や現場の仕事では、「誰の判断と決裁を得られるか」「何が最終目的なのか」でモレ、ダブりなく考えることが、プレゼンをするうえで重要です。
「相手」と「目的」を意識してモレ、ダブりなく考えるということです。
　本書ではフレームワークの1つとして「ロジカルチェックリスト」を用いて、ロジカルかつ、モレ、ダブりなく情報をとり入れて考えるプロセスに役立てていますので、ぜひ活用してみて下さい。
**(→ p.098 ／→第5章事例)**
　私も若い頃、役員会のプレゼン資料を作っていた時、「それはわかるけど、こういう側面はどうなるんだい？」といった、別角度からの質問をできるだけ受けないよう、理由を多面的に用意することに腐心したものです。
　縦の論理と横の論理、どちらを充実させるほうが効果的かは相手次第です。
　相手の関心が「裏づけ」と「多面性」のどちらにあるか、あるいはその両方かによって、どんな情報があれば説得できるのかが異なってきます。
　そのため、相手の興味や関心、突っ込んでくるポイントなどを熟知している場合と、そういった

前提となる情報が全くない場合とでは、準備も異なってきます。当然のことながら、後者のほうがより深く、幅広く準備しなければなりません。

ビジネスにおいて縦横両面の根拠が重要になるのは、誰にとってもわかりやすく、納得しやすいからです。それにより、合意形成や意思決定がしやすくなるからです。

ビジネスシーンでは、さまざまな問題解決や目標達成の場面が頻繁に出てきます。そんな時も、ロジカルにコミュニケーションをとって提案することにより、あなたや会社の目的が達成しやすくなるでしょう。

## ロジカルであっても本質的に重要でないこともある

ビジネスにおいて、ロジカル（論理的）であることは成果を作るうえでとても効果的です。

しかし、ロジカルであることだけがすべてに優先するわけではありません。

たとえロジカルであっても、本質的に重要でなければ、ビジネスとしてうまくいかないということもあります。

これはアメリカの事例です。ある中堅家電量販店の収益が低くなってきたため、経営者がコンサルティングファームに相談をしました。

**収益 ＝ 売上 ― コスト**

に従ってロジカル（論理的）に考えると、2通りの提案が考えられます。
　1つは売上を上げること、もう1つはコストを下げることです。
　売上を上げるための施策を提案することは将来の話ですから、その施策を行ったからといって、必ず狙いどおり売上が上がる保証がありません。
　これに対してコストを下げる提案は自社の努力で可能な場合が多く、コストカットによってコストが下げられるケースがほとんどです。
　この会社のコスト構造を分析したところ、全米各店舗の人件費の中で、少数（2～3人）の販売店員の人件費が突出して高いことが判明します。
　そこでコンサルティングファームは経営者に対して、突出して高い人件費の店員をリストラする提案をしました。
　経営者は論理的な説明に「なるほど！」と言ってリストラを実施します。

その結果、この家電量販店は売上が激減し、6か月後には競合他社に買収されてしまいました。
　実はこのリストラされた店員にこそ、顧客がその店へ足を運ぶ理由があったのです。
　どんな質問や相談をしても、非常に高いレベルの製品知識でベストな提案ができる店員たちだったので、顧客はその店員のアドバイスを求めて、店舗に通っていたのでした。
　その店員をリストラしてしまったために、顧客はその店舗に行く理由がなくなってしまったので売上が激減したのです。
　この提案は非常にロジカル（論理的）でしたが、本質的に重要な点を見落としていたという1例です。
　ビジネスでは本質的に問題をとらえ、提案や説明はロジカルに伝えることが大事なのです。

## ハイコンテクスト／ローコンテクスト コミュニケーション

　冒頭で述べたとおり、コミュニケーションとは、話し手と聴き手の頭の中をともに１つにすることです。そのため、頭の中をともに１つにすることをコミュニケーションやプレゼンのゴールだと強く意識したほうが、よく伝えようとするより効果的なプレゼンになります。

　では、話し手と聴き手の頭の中をともに１つにさせるための前提条件は何でしょうか。

　例えば、社内や特定の部署だけで通じる用語や術語、業界内での専門用語や符丁などがあります。

　特定の人にしか理解できない言葉を使った場合、それを知らない人とは頭の中をともに１つにさせることはできません。

　ある用語を使った時に、特定範囲の人と話が通じたり、頭の中をともに１つにさせることができるのは、話し手と聴き手の間に共有する前提があるからです。これを「コンテクスト」と呼びます。

　コンテクストとは「文脈」や「脈絡」の意で、言葉にしないでも伝わる部分ということです。

### ハイコンテクスト文化 vs ローコンテクスト文化

**ハイコンテクスト文化**
- 言語で説明しなくても理解しあえる文化
- 共通の考え方や認識を持つ文化

**ローコンテクスト文化**
- 言語で具体的に表現・説明が必要な文化
- 共通の考え方や認識が少ない文化

　ハイコンテクストコミュニケーションとは、高度に文脈を使って伝えることを言い、ローコンテクストコミュニケーションとは、文脈を使わずに言葉で伝えることを言います。実は日本（日本語）の文化は、世界的にかなりハイコンテクスト*なのです。相手がわかっているであろうと思うことは省略して言葉にしない傾向が強いのです。

　日本語にはハイコンテクスト文化であることを表現する慣用句がたくさんあります。

行間を読む／以心伝心／阿吽（あうん）の呼吸／ツーカーの仲／皆まで言うな／言わずと知れた／目は口ほどに物を言う／一を聴いて十を知る／空気を読む…

---

*出典
Edward.T.Hall 'High- and low-context cultures' *"Beyond-Culture"* Anchor Books (1976)

それだけハイコンテクストなコミュニケーション文化を持っているということです。
　ハイコンテクストなコミュニケーションには次のような傾向があります。

● 自分にとって当たり前のことは言わない
● 言葉数が少なく、説明が丁寧ではない
● あいまいな表現を好む
● 結論をはっきりと言わない
● 質問に直接的に答えない

　例えば、質問に直接答えない例を示します。あなたが事務所で外線電話を受けたとしましょう。

```
プルルルル、ガチャ！
あなた：はい、○○社です
相　手：Ａ社の田中と申しますが、高橋さんはいらっしゃいますか？
あなた：はい、少々お待ちください
あなた：高橋さん、1番にＡ社の田中さんから外線です！
```

　よくある光景です。ここで、質問に直接答えないことが生じているのにお気づきですか？「高橋さんはいらっしゃいますか？」という問いに対する直接的な答えは、「はい、おります」もしくは「い

いえ、おりません」のどちらかです。

　日本では、相手が外線で電話をしてきて、高橋さんがいるかどうかを尋ねている、ということは「相手の人は高橋さんと話がしたいに違いない」と推察し、その希望を先回りして「はい、少々お待ちください」と言って電話をつなぐのが普通です。コンテクストを読んで行動しているわけです。

　これがローコンテクストな英語だったら、

---

Would you connect this line to Mr.Takahashi?
(この回線を高橋さんにつないでいただけますか?)

May I Speak to Mr.Takahashi?
(高橋さんと話したいのですが)

---

という具合に、表現自体が日本語よりも具体的でストレートな表現になります。

　これらを比べると、日本語の表現は言葉になっていない内容を察する、察してもらうことを期待するハイコンテクストなコミュニケーション文化である事実が理解できると思います。

　ハイコンテクストなコミュニケーション文化であるからよい、悪いではなく、ビジネスにおいて

はハイコンテクストであることが、誤解や伝達齟齬(ミスコミュニケーション)の原因となる可能性があります。

ハイコンテクスト文化では、共通の価値観、知識、情報などが相手にもあることを前提に、少ない言葉でも頭の中を、ともに1つにさせられるのです。

逆に言えば、日本(日本語)のコミュニケーションやプレゼンでは、前提となる情報を、言葉を使って明確に表現し、誰にでも納得できるようにロジカルにすることで、コミュニケーションの質や効果を高められるのです。

そのため、ビジネスの場では特に、わかりにくさや誤解を極力少なくし、意思疎通を図りやすくするロジカルなコミュニケーション能力やプレゼンが求められるのです。

## プレゼンとは説得のコミュニケーション

ビジネスにおいてコミュニケーションをとったり、プレゼンをする目的は、さまざまですが、大きく分けると次の2つになります。

**①説得**（相手の行動を引き起こす）
**②情報伝達**（情報を伝え、理解してもらう）

プレゼンには仕事の進捗報告といった「情報伝達」という目的もありますが、最も頻度が高く、重要な目的は「説得」です。

この「説得のコミュニケーション」とは、相手の行動を引き起こすコミュニケーションであると私は定義しています。

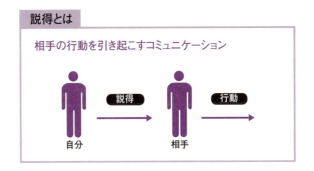

説得とは

相手の行動を引き起こすコミュニケーション

さらに詳しく言うと、相手に提案の承認を得る場合と、相手の変化を引き起こすための2つに分かれます。(→ p.029)

　承認を得る提案には「問題解決（改善）」と「課題達成」という2つの提案があります。

　相手の変化を引き起こすには、外から見える行動を引き起こす場合と、内面的なやる気を引き起こす場合があります。

　いずれの場合も、ビジネスにおいてコミュニケーションをとる理由は、「相手の行動を引き起こす＝説得」のためのコミュニケーションが多いのです。なぜなら、私たちは1人で仕事をするのではなく、多くの人とかかわりながら仕事をしているからです。

　相手を説得する場合、大事なポイントは、「相手は誰か？」「何を引き起こしたいのか？」つまり、相手と目的の2つ。この2点が重要な理由は、相手や目的によって、結論を導くために考えなければならない範囲や、組み上げるロジック（論理）の精密さが変わるからです。

　それが経営層とチームリーダーへのプレゼンの違いとなって現れます。

# プレゼンの目的は何？
## ——意思決定者の決裁を勝ちとること

　実際、ビジネスプレゼンの目的は、単なる説得というよりは、意思決定者からの決裁を勝ちとるということが多いのではないでしょうか。

　例えば「担当職務に関する提案の承認を得るため」「現状の問題点に対する改善策についての承認を得るため」などです。

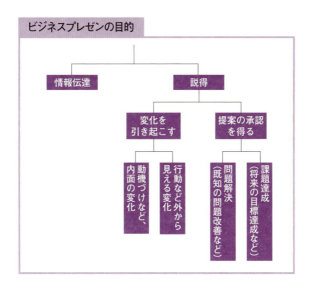

意思決定者の承認を得るとなると、コミュニケーションの質としては必然的に高いものになります。内容の精度が高く、かつ論理的でなければ相手の納得は得られません。

　なぜなら、意思決定者は人、もの、金という経営資源（リソース）に対する決定権を持つだけでなく、同時に責任を負っているからです。

　表面的な理由だけでは、承認をすることはできないでしょう。そこで、ロジカルなコミュニケーションによって「なるほど、いいね！」と思ってもらう必要があるのです。

## 聴く・考える・伝えるの３つすべてを
## ロジカルにする必要がある

　ロジカルなコミュニケーションをとるためには、ただロジカルに伝えるスキルだけではうまくいきません。当たり前のことですが、伝える内容をロジカルに考えることが大切です。

　さらに言えば、ロジカルに考えるためには、相手のニーズや期待など、ロジカルに考える前段階で、相手の話をロジカルに聴くスキルが大切です。

　相手が「何を、なぜ、欲しているのか？」とい

う相手のニーズを正確にキャッチしていなければ適切な提案はできません。
「私はちゃんと聴いていますので大丈夫です」と言う人に限って、意外と思い込みが強かったり、独りよがりな解釈をしているものです。「ちゃんと聴く」のは思ったよりも難しいのです。

## 相手と目的によって、ロジカルに考える範囲と深さは変わる

　相手の話をロジカルに聴いたうえで、提案を考え、説得する時、その相手がミドルマネジメント（課長や部長）なのか、トップマネジメント（経営者）なのかによって、どんな範囲まで考える必要があるのかが変わってきます。

　単に業務上の問題や課題を考えるだけでいいのか、部署や会社全体にかかわる問題や課題を考える必要があるのかでは、考える幅（横の論理）も異なってくるからです。

　また、相手が営業部門なのか研究開発部門なのかで、考える深さ（縦の論理）を変える必要があるかもしれません。専門家なら深いレベルでの裏づけがないと納得してもらえないからです。

## 相手と目的からみたプレゼンの全体像

| 相手 | プレゼンの目的＝説得 | | |
|---|---|---|---|
| | 問題解決 | | 課題達成 |
| | 既知（改善） | 未知（対策） | |
| 経営層 役員クラス<br>本書 事例 5・6 レベルC | 解決策（改善案） | 予想される問題・回避する対策 | 提案 |
| ミドル層 部長クラス<br>本書 事例 3・4 レベルB | | | |
| スタッフ層 現場リーダー<br>本書 事例 1・2 レベルA | | | |

経営インパクト大 ＋ 視点マクロ ↑

↓ 経営インパクト小 ＋ 視点ミクロ

| プレゼンの目的＝情報伝達 | | 説得のロジックと留意点 |
|---|---|---|
| 情報伝達 | その他 | |
| 状況説明 伝達や報告 | 方向性を示す 動機づける （相手の変化・ 行動／内面） 楽しませる | ①意思決定に足る網羅的理由 （MECE）<br><br>②理由の裏づけ（数字、データ）<br><br>③提案実施結果のシミュレーション と数字の根拠<br><br>④実行、不実行のメリット デメリットのトレードオフ →提案内容を実行することで得られる 利益と、実行しないことで被る不利 益を計算する |
| | | ②理由の裏づけ（数字、データ）<br><br>③提案実施結果のシミュレーション と数字の根拠<br><br>④実行、不実行のメリット デメリットのトレードオフ →提案内容を実行することで得られる 利益と、実行しないことで被る不利 益を計算する |

前ページの表は、プレゼンの相手と目的とロジカルに考える範囲や深さについてまとめたものです。ビジネスにおいてコミュニケーションをとる際は、常に相手と目的を意識することが大事です。

　縦軸にはプレゼンの相手と職位（権限や責任の大きさ）を、経営層／ミドル層／スタッフ層の3ランクで示しました。

　横軸にはプレゼンの目的／説得のロジックと留意点をとり、目的は、「説得」と「情報伝達」の2つの項目に分けます。

　説得の下位分類は、「問題解決」と「課題達成」の2つに分け、さらに問題解決の下位分類は「既知の問題解決」と「未知の問題解決」の2つに分けました。

　説得のロジックと留意点については、

①**意思決定に足りる網羅的理由**（MECE）
②**理由の裏づけ**（数字、データ）
③**提案実施結果のシミュレーションと数字の根拠**
④**実行、不実行のメリットデメリットのトレードオフ**

を挙げています。

　①は「それ以外には考えられないのか」という横の論理のことです。

これは「本当にそれだけなのか」「それ以外に選択肢はないのか」という質問に答える内容です。
　②は同じく「なぜそう言えるのか」という縦の論理です。理由や根拠にあたります。
　なぜそう言えるのかという根拠を数字やデータで示す時には、データそのものの信頼性を保証する必要があると同時に、分析方法の妥当性や検証方法の正しさも求められます。
　③は提案内容のシミュレーション例やそれに伴う数字の変化、根拠の例です。
　提案内容を実施した場合、結果はどのように予測されるのか。その結果が好ましい場合と、まずまずの場合はどうか。そして、好ましくない結果が出た場合の予測や、考えられる対処法などを準備する例がよく見られます。
　④は提案内容を実行した場合と実行しない場合のメリットデメリット比較や、どちらかを実行した場合の優位性の検討などがこれに当たります。

　この表から、どんな相手に、どういう目的でプレゼンをする場合、どこまで考えてロジックを組み立てるか、ということについて、おおまかなイメージがつかめると思います。

## テーマのヒアリングからプレゼンまでの流れ

　自発的にテーマを見つけてプレゼンをする場合もあるとは思いますが、多くの場合、上司や仕事相手からの指示や依頼に基づいて、プレゼンをすることが多いのではないでしょうか。
　そこでプレゼンテーマ（与件）のヒアリングか

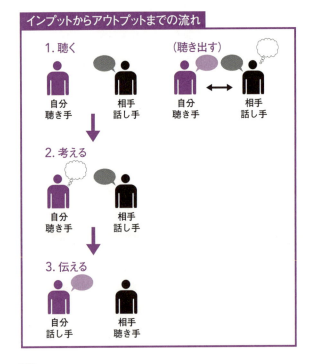

らプレゼンまでの流れをモデル化しておきます。

プレゼンをする際、どういう流れで進めていけば論理的なプレゼンになるのかがわかるはずです。

何らかの指示や依頼に基づいてプレゼンをするまでの大まかな流れは次のようになります。

### ■「聴く」段階
#### 1. ゴールの確認

聴く段階で一番重要なポイントは、最終的な目的、ゴール、解決したい問題の把握など、相手が欲しているものを明確に聴き出すことです。

①何が問題なのか。何を解消すればよいのか?
②具体的に何が、どうなればよいのか?

#### 2. 前提条件の確認

次に「前提条件が何か」ということを確認する必要があります。

特に日本のようなハイコンテクストコミュニケーション文化では当たり前と判断される内容は、言葉にされない場合も多いからです。

そこで前提条件を推察、確認する作業が、次の「考える」ステップに進む際、重要になってくるのです。

### 3. フィンランドカルタの活用 (→ p.050)

ゴールの把握や前提条件の確認を効果的にするために、フィンランドカルタを活用します。

これにより、相手の話をキーワードで押さえながら全体をつかみ、整理されていない情報の関係を把握します。

そうすれば、ゴールが何で、自分が何を求められていて、それを実現するのに必要な情報が何かということもわかります。

### 4. 仮説のスタンスを決める

ここまで「聴く」ことを通して情報を収集、整理できたら、解決すべきテーマ、何に答えなければならないか（イシュー・論点）を抽出します。

その際、仮説の方向性を相手の意向に従って決めることも必要です。

これも前提条件の確認で把握できることですが、相手が望まない方向で提案しても却下される可能性が高いからです。

しかし、前提条件にそぐわなくても、相手が気づかない、もっとよい方法がロジカルに導き出せた場合は、根拠を示して提案するのもいいでしょう。

## ■「考える」段階

### 5. ロジックツリーで解決策を考える

　求められているテーマの内容が問題解決か、課題達成かを2つの視点で整理することから始めます。

　問題解決であれば、whyツリー（→ p.067）を使って、原因を特定し、それをどのように排除していくのか。

　あるいはどうすることで問題が解決できるのかについて、提案内容を考えていくことになります。

　課題達成なら、so howツリー（→ p.069）を使って、どのように課題を達成してくかという方法について考えます。

　この際、プレゼンの相手が誰なのかを意識し、相手がテーマについてどの程度の知識を有しているのかによって、前提条件など説明すべき範囲も変えていかなければなりません。

　それに伴い、説得に必要な理由の範囲や深さも変わることに注意して下さい。

### 6. 最終提案を決める

　ここまで積み上げてきた考えをもとに、提案候

補の内容評価をします。

　提案の最終決定についても、ロジカルな判断基準で検討することが大事です。

　最終案が2案の場合は2軸プロットによる評価法で、3案以上の場合はAHP法を使って最終提案を決めます。(→ p.088)

### ■「伝える」段階
### 7. プレゼンのストーリーを作る

　提案内容が決まったら、プレゼンのフレームワークを使ってストーリーを考えます。

① ロジカルチェックリストへの記入
② ダイヤモンドモデルのフレームワーク
③ 共感から入って納得に落とす説得の4ステップ

　これらのフレームワークを使いながらロジカルに提案全体の構成とストーリー(流れ)を考えます。

　ロジカルなコミュニケーションをとり、プレゼンをする場合、ロジックを構築する前の準備として、簡単にモレ、ダブりなく確認できるのが「ロジカルチェックリスト」です。

　自分の考えをまとめる時や、プレゼンのストーリーを考える際に使うと便利です。

**ロジカルチェックリスト**

| 1. 誰に？ | 相手 | 誰に対して話すのか |
|---|---|---|
| 2. 何を引き起こす？ | ゴール | 話し終わった時に相手がどうなればよいか？ |
| 3. それはなぜ？ | 目的 | なぜ話す必要があるのか？ |
| 4. 主張 | 主張 | 一番、言いたいことは？ |
| 5. 客観的理由 | 理由+裏づけ | 相手にとって十分に納得できるか？ |
| 6. 具体的行動 | 行動 | 相手にしてほしい具体的な行動は？ |

## 8. ストーリーに沿ったスライドを作る

①ワンビジュアル・ワンメッセージの原則

　1枚のスライドにおいては、「このメッセージを伝えるために、このスライド」という目的意識が大切です。

　同様に1つの図表・グラフは「このメッセージを伝えるために、この図」という目的意識をもってスライドを作ります。

### ②詳細資料は配布資料（ハンドアウト）で配布

　文字が小さくびっしり情報が詰め込まれたスライドは、表示された瞬間に見る気が失せます。

　スライドはメッセージを伝えるのに必要最小限にとどめ、データなどの詳細な情報は配布資料とすることが望ましいでしょう。

### ③スライドは見えないと意味がない

　せっかく、論理的に情報がきちんと表示されていても、文字の大きさや配色によって読みにくくては台無しです。特に年齢層の高い方が聴衆の場合、文字の大きさやフォントの種類、コントラストなどに配慮して見やすいスライドにします。

### ④聴衆が迷子にならない工夫

　長いプレゼンテーションを聴いていると、聴衆は今どこを話しているのかがわからなくなって、迷子になってしまうことがあります。

　そこで、初めに目次スライドを入れたり、次の項目に移るたびに目次を表示したり、目次に書いてある文言と、次に表示されるスライドの見出しの番号や文言を揃えることで、聴衆はプレゼンについていきやすくなります。

## 9. デリバリー（伝達）

　最後に話し方、伝え方です。話し方や伝え方のポイントになる点は以下のとおりです。

①聴き手にとって負担がかからない伝え方を心がける
②聴き手が十分に納得できる理由や裏づけを提示する
③聴き手にとってほしい行動を具体的に描けるように伝える
④内容にマッチしたボーカル（声）とビジュアル（姿）
⑤アイコンタクトをして聴衆の反応を確認する

　デリバリーではまず第一に、相手に負担のかからない伝え方を心がけて下さい。例えば、

●聴衆に届く大きな声で話すこと
●ジェスチャーを使いながら相手の理解を助けること
●相手が納得しやすいように筋道（ストーリー）立てて伝えていくこと
●使用する用語については聴き手の熟知度に応じた説明を心がける

などに注意します。
　また、相手が判断するために必要な情報を揃えたり、提案を受け入れた結果の状態がイメージできるように伝えることも大切です。
　相手にしっかりと内容を伝えるためには、話す

内容にマッチした声の調子と、内容にふさわしい表情、ふるまいで伝えることよって、より効果が高まります。

　聴衆に伝える際はできるだけアイコンタクトをとりながら、反応を見て理解度を確認することも大切です。

　特に質問を投げかけた後は、反応を確認する時間をとらないと、聴衆からは独りよがりで話しているように映ってしまいます。

第2章

# ロジカルに聴く

## ロジカルに聴くということ

　ビジネスプレゼンで提案をする場合、大切なのは相手の要望やニーズをしっかり聴くことです。
　特に日本はハイコンテクストなコミュニケーション文化ですから、相手にとって当たり前のことは言葉にしない傾向が高くなります。
「こんなことは言わなくてもわかってくれるだろう」「知っていて当然だ」と思うことも言葉にしないケースが多く、場合によっては相手も無意識のまま、重要な情報や前提が隠れて潜んでいるかもしれません。そこでしっかり「聴く」ことがとても重要になってくるのです。
　相手の要望やニーズをロジカルに聴くには次の3つが大切です。

①**正確に聴く**（主観と客観を区別する）
②**言葉になっていない部分を推察する**
③**推察した内容を確認する**

■**正確に聴く**
　正確に聴くことは、言葉の意味をとらえるだけでなく、相手が話す目的や意図もきちんとつかむ

必要があります。

例えば、みなさんが聴いていて「わかりにくい話」というのはどのような話でしょうか？

話の結論がない、話が長くて無駄が多い、話題があちこちに飛ぶ…。このような話は聴いていてもわかりにくいでしょう。

原因は話し手自身が話す内容を整理できていないからです。

このような場合、聴き手としては相手の話の目的や意図を把握するために、要点やポイントを整

理すること。大事な部分とそうでない部分を取捨選択しながら聴く必要があるでしょう。

　また、言っていることはわかるけれども、納得しにくい話というのもあります。

　これは話の目的や意図がよくわからなかったり、理由や根拠が不十分だったりする場合に起きやすい現象です。そうすると聴き手は同意しづらく、納得しにくくなります。

　こんな時は、聴き手のほうが、話し手の話の目的をつかむ必要があります。主張・理由・裏づけ

### 納得しにくい話から必要な情報を聴き出すには

#### 納得しにくい話
- 話の目的が明確でない
- 1つひとつの理由が、必ずしもそうとは言い切れない
- 根拠が希薄で裏づけとしては弱い

#### 相手の話を聴く（とらえる）
- 相手の言っていることはわかるが、納得できないということはロジカル＝論理的ではないということ

この場合、聴き手としては
- 相手の主張の目的が的確かどうか
- 相手の主張、理由、裏づけが揃っているか
- 挙げられた理由、裏づけの内容が納得するのに十分かどうかをチェックして、補って聴いていく必要がある

が揃っていて、納得するのに十分なものかを確認しながら聴かなければなりません。

このように、相手の話を正確に受けとるところから「聴く」というプロセスは始まります。

これは思っているよりも難しいかもしれませんが訓練して意識的に聴くことで可能になります。

### ■状況を把握する「5W2H」

例えば、人の話を聴く場面で、トラブルが発生している時などは、まず何が起きているかを確認することが特に大切です。

トラブル対応の初動を誤らないためにも、正確な状況把握が重要になります。状況を把握するために役立つフレームワークが5W2Hです。

When　　いつ
Where　　どこで
Who（m）　誰が（誰に）
What　　何を
Why　　なぜ
How much（many）　どれぐらい
How　　どのように

これらのポイントを確認すべく相手の話を聴いていけば、大体の状況は把握できますし、不明な点は確認もできます。

もちろん、すべての項目を必ず埋められるわけではありませんが、何を確認すべきかを押えるためのツールとして、非常に有効なフレームワークと言えます。

## フィンランドメソッドを使ってロジカルに聴き出す

　普段、私が担当している講座でお話する方法ですが、話をロジカルに聴くための訓練方法やツールとして「フィンランドカルタ*」を紹介したいと思います。

　OECD加盟国によって毎年行われる学力調査で、常に上位ランキングされている国にフィンランドがあります。そのフィンランドでとり入れられている教育方法はフィンランドメソッドと呼ばれ、近年注目を集めています。

　その中の1つに「カルタ」と呼ばれる手法があります。カルタとはカードのことです。実際にカードを使用するわけではなく、紙に図を描くマインドマップのようなものです。

　この手法は、何かを発想したり、自分の考えを整理したりする時にも使えますが、相手の話をメ

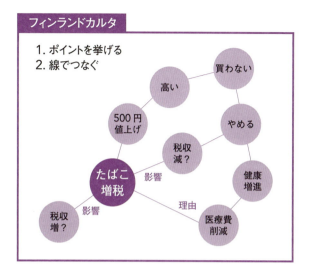

＊参考：諸葛正弥『フィンランドメソッド実践テキスト』

モする際に使用することもできます。

やり方は、話のポイントとなるキーワードを紙に書いて丸や四角で囲みます。これを繰り返していき、最後に丸や四角で囲まれたキーワードを線で結ぶと、完成した時に話の全体像を俯瞰してとらえることができるのです。

客観的事実がどれで、主観がどれか。理由がどれで、裏づけがどれかを見ながら確認できるところによさがあります。つまり相手の話が整理されていなくても、聴き手がメモをとりながら整理で

きるわけです。もちろん慣れる必要はありますが、相手の話を正確に受けとめたり、全体を俯瞰して情報の過不足を見極めたりするのに役立ちます。
　ランダムに出てくる情報をランダムに書き出し、後で関係を線で結んで整理することができるからです。

## フィンランドカルタを使ったメモ法

　ここでは、フィンランドカルタを使ったメモのとり方を紹介します。最初からあまり厳密にやろうとしないで、まずは、

- 話を聴きながら、キーワードを押さえてメモをする
- 関係のあるキーワードをつなぐ

ということだけを意識して、要領よく手早くメモをとっていくことを心がけてみて下さい。

### ■話を聴きながらキーワードを押さえる

　話し手の意図が見えにくい、話が漫然としていてポイントが絞りにくいということが、ビジネスシーンではよくあります。
　例えば、ここで練習として、次に挙げた「あな

たと得意先」のやりとりで相手の話のキーワードをメモしていきましょう。

---

**練習例**

**得意先**：これまでお願いしていた部品についてなんですけど、これからは必要な時に必要な分だけ調達したいのですが、どうすればいいですか？

**あなた**：えっと…、具体的に今、何か問題が起きていますか？

**得意先**：いや、問題があるわけではないのですが、上からそう言われまして…。

**あなた**：当社としてもできる限り対応したいと思いますが、一番の問題は納期ですか？

**得意先**：いや、そうではなくて、在庫を減らすということですね。

**あなた**：そうですか。在庫を減らすため、必要な時に、必要な分だけ納品するとなると、その都度運賃がかかりますが、そこは大丈夫なんでしょうか。

**得意先**：それは私の一存では判断できないので、とりあえず見積を出していただけますか？

**あなた**：わかりました。お見積を作るのにあたっていくつか質問させて下さい。

あなたが営業担当者だったとして、いきなり得意先の担当者から先のような話をされたケースを想定してみて下さい。ここで、まだまとまっていない相手の話を箇条書きに、聴いた順番でメモをとっていると対応しづらくなりませんか？

　特に話し手自身が、事前に話の内容を整理していなかったり、断片的にしか情報が出てこなかったりする時にはメモをうまくとれません。そこで相手の話の目的と、自分が何を求められているのかを、しっかり確認することから始める必要があります。

　この例で言うと、得意先の担当者が話を切り出した目的は「在庫を減らしたいので、必要部品を

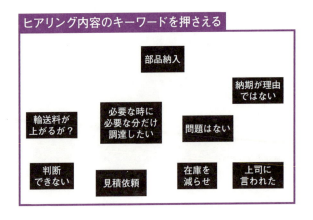

都度納品してもらいたいが、最適な方法を知りたい」ということです。このように整理して話してくれれば「なぜ？」と返すだけでコミュニケーションは成立します。ところが、例文のように、いきなり切り出されると、実におおざっぱな話になってしまって、とまどうこともあるでしょう。

　この会話ならまず、「部品納入」「必要な時に必要な分だけ」…などのように、話の要点のみをキーワードにしてメモしていきます。

　ただ、この段階ではまだ関係性を示す線は引きません。何をキーワードに、どれだけメモしていくかは、その人の業務経験や、話の中でどこに焦点を当てるかにもよるでしょう。

　この段階では厳密にメモをとるのが目的ではありません。この方法は、断片的にしか情報が聴けない場合でも、話の焦点と論理性が整理できる点が優れているのです。しかも、時間が経った後からでも話が再現しやすいのです。

　話を聴きながらでもいいし、後からでもいいのですが、関係性のあるキーワードを結んでいく。

　これで相手の話を整理しながら、断片的な情報の関係性を考える「素材」としてのメモができあがることになります。

## ■キーワードに対して聴きたいことを押さえる

次に、押さえたキーワードに対して聴きたいこと、理由、根拠などをメモに加えていきます。

その場ですぐ聴ける場合もあれば、いったん持ち帰って質問したいことを考える場合もあるでしょう。場面に応じて可能な限り、思いつくまま必要な内容について深掘りしていきます。

先ほどの話の例で言うと、最終的に求められたのは「見積の依頼」です。その理由として挙げられたのが「在庫を減らしたい」ということです。

手段として「必要な時に必要な分だけ納品すること」を求められたのでした。

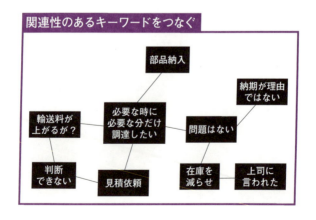
関連性のあるキーワードをつなぐ

## フィンランドカルタを使った最終的なメモの例

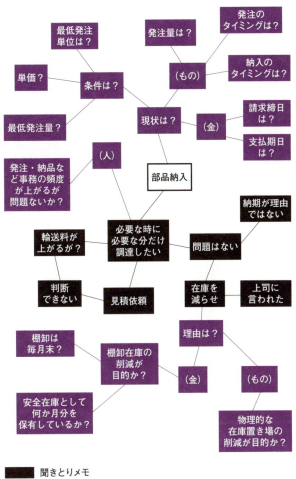

第2章／ロジカルに聴く／057

また、この件の最終決裁者は得意先担当者の上司ということでした。
　まず重要だと思うキーワードから枝を伸ばしてその場で聴く、もしくは、預かって考えることにします。
　前ページ図の中では最初に聴いた時のメモ部分を黒字で、質問・確認事項を色で分けています。
　それぞれの項目から聴きたいものや確認すべき内容を挙げて、あとから線で結んでいくと、必要な要件と関係性が見えてきます。
　そこで、「見積を出す」という与件に対して相手に確認したい質問を右ページのようにまとめることができました。
　ここまで整理できると、モレ、ダブリなく相手の要求とその意図も把握できるはずです。
　慣れている仕事なら、箇条書きに要点だけのメモでも済むかもしれません。しかし、広告やwebサイトの作成など、受注案件の多い業務を担当している人にとっては、初めての業界用語や慣習、産業構造やプレーヤーについて、あまり詳しくない場合などにも使える便利な方法だと思います。
　箇条書きではどうしても話の速度について行けない場合があったり、ものごとの関係性も、ひと

**質問の例**

いくつか確認のために質問させてください。これらがわかりますと、金額のお見積以外でも私どもにできることがあるかもしれませんので、ぜひお聴かせ願います。

**1. 現状について確認させてください。**
(1) 取引条件
　①現在の単価は2400円／個です
　②最低発注単位は1ケース（10個）
　③最低発注量は1カートン（10ケース）です
(2) 発注および納品のタイミング
　④発注は当月締め
　⑤納品は翌月末です
(3) 支払について
　⑥月末締め
　⑦翌月末払い
(4) 事務工数について
　⑧発注・納品・請求・支払などの事務工数が増えることは問題ないですか？

**2. 在庫を減らしたい具体的な理由についてお聴かせください**
(1) 経費の問題
　⑨棚卸在庫の削減が目的でしょうか？
　⑩棚卸は毎月の月末ですか？
　⑪現状、生産のための安全在庫として何か月分を保有されていらっしゃいますか？
(2) 場所の問題
　⑫保管場所の削減など、物理的な量を削減するのが目的でしょうか？

目で整理しづらく、後から話の内容を再現するのも難しくなります。こういう形のメモなら自分でも整理しやすいし、他の人とも共有しやすいという利点があります。

## 解決すべき論点（イシュー）を抽出できる質問を考えてみる

ここまで、相手の話をロジカルに聴く、話の中のキーワードを拾って、相手の話の目的をつかむことについて述べてきました。

ここでは、相手の話の目的を整理して理解することについて見ていきます。

話の目的が「問題解決」であれば、その問題は何か、何を解決する必要があるのか、そしてその問題は誰にとっての問題なのか、なぜそれが問題なのかなどを明確にしておく必要があります。

また「課題達成」であれば、ゴールは何か、どのような状態になれば達成と言えるのかを具体的に明確にしておかなければなりません。

### ■仮説のスタンスを決める

例えば、「市場はどうなっているか調べて」と

言われたら、このテーマについて仮説を立てるためには、「市場は拡大 or 縮小しているのではないか」というスタンスをとる必要があります。

このスタンスについて、仕事の依頼主である話し手がどう考えているかを確認しておかなければなりません。

仮に話し手が「市場は拡大している」ととらえているのに、聴き手であるこちらが「市場は縮小している」という前提で仮説を立てた策を提案したら、相手の要望には全く合わない内容になってしまいます。

そこで、言葉になっていない部分を推察し、質問によって、推察した内容を確認することが大切になってきます。

相手が「市場拡大している」と思っていたとしても、実際に調査してみて、明らかに市場が縮小していることがわかれば、前提から確認をし直す必要があるかも知れません。

その際にも、「カルタ」によって話の全体像が描かれていれば、イシューの推察や確認にも役立ちます。

「この人は前提をどう考えているのだろうか？」
「先ほどの話は、この先マーケットが停滞するこ

とを前提にした話だろうか?」「この点はわかるが、その理由をどのように考えているのだろうか」…といった具合です。

　これらの疑問点を、質問して確認することで、解決すべき問題、論点、イシューをより明確にすることができます。

第 3 章

# ロジカルに考える

# 問題解決には2つの意味がある
## ——問題解決型／課題達成型

ビジネスにおいては、何らかの問題の解決策や改善策の提案をすることが多いと思います。

では「問題」とは何でしょうか？

ここではまず、「あるべき姿と現状のギャップ」と考えます。実はこの「問題」には2つの種類があるのです。この違いによって効果的な解決方法が異なります。

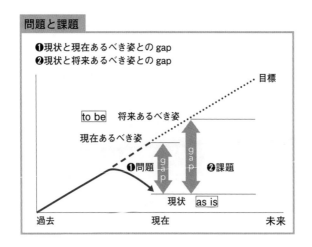

## 問題と課題の違い

■「問題」とは

現時点で、本来あるべき姿になっていなければならないのに、何らかの原因があって、現状はそれを下回っている（不足している）。この場合のギャップを「問題」と言います。

例えば、「正常に稼働すべき機械が何らかの原因で止まってしまった」「お客様に納品した製品に一部欠品があった」などの場合がこれに相当します。

■「課題」とは

現状ここにいる。このことは特段の問題ではない。しかし、6か月後までに売上目標＝あるべき姿を達成する必要がある。

この場合、6か月後に現状とあるべき姿のギャップが生じます。

一般的にこれを「課題」と呼びます。この「課題」のことを「問題」と表現する人も多く見られますが、本書ではこの2つを区別して話を進めます。

### ■「問題」を解決するロジックツリー

　現時点で本来「あるべき姿」になっていなければならないのに、何らかの原因があって、現状はそれを下回っている（不足している）状態を「問題」と定義しました。

　この問題を解決する方法として、原因を究明して排除するという解決策があります。

　これは、「現在あるべき状態にないのは何らかの原因があるから」という仮説を立て、その理由となる原因をモレ、ダブりなく考えて明らかにすること。

　そして、その原因をとり除くことによって問題の解決を図ろうという手法です。

　例えば、右ページ上の例文のように、起きた事象をなぜ？＝whyで掘り下げていきます。

　この時、使用するツールとして役立つのがwhyツリーと呼ばれる原因究明排除型のロジックツリーです。

　ロジックツリーとは論理の樹形図で、「なぜ？（why?）」を繰り返すことによって根本原因を見つけ出し、それを排除・解決する図のことです。

この装置が止まったのはヒューズが飛んでしまったから。
↓ why?
ヒューズが飛んだ原因は歯車の間に落下したネジによってモーターの回転が鈍り、モーターに過負荷がかかったため。
↓ why?
そこで歯車に挟まったネジをとり除くとともに、歯車の機構部にカバーを付けて、今後同じようなことが起きないように処置してはどうかという提案をする

### 原因究明排除型ロジックツリー（whyツリー）

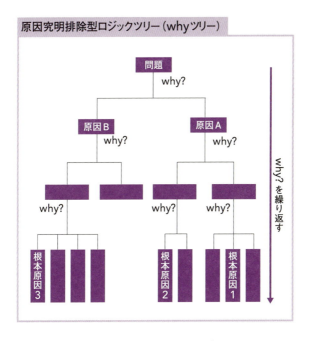

■ 「課題」を解決するロジックツリー

一方、現状と将来のあるべき姿のギャップを解決するために、原因を究明することがあまり意味をなさない場合があります。

例えば、「6か月後に売上目標を達成しよう！」と、あるべき姿を決めると、現状とのギャップが発生します。この原因は何か？　そうです、目標を持ったことです。ここで原因を排除するためには「目標を持たなければいい」ということになりますが、それではビジネスとして本末転倒です。

この場合は、so how ツリーと言われる課題達

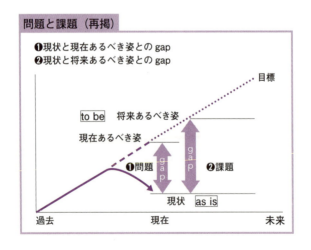

問題と課題（再掲）

❶現状と現在あるべき姿との gap
❷現状と将来あるべき姿との gap

成型のロジックツリーを活用します。

その課題を達成するためには何をすればいいのか？ というアイデアを出す。「だからどうする？（so how）」を繰り返していくのです。

そして具体的な行動レベルまで落とし込み、最終的にはその行動を実行に移していくことが解決策になります。

課題の達成は、将来のことですから、そのプラ

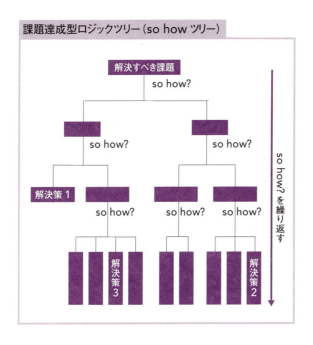

課題達成型ロジックツリー（so how ツリー）

ンを実施したからといって、必ず達成できるという保証はありません。その保証のない中、いかに成功の確率が高い策を考えて実行していけるかが、課題を達成するための要因となるのです。

現実のビジネスにおいては、原因究明排除型のwhyツリーでとり組んだとしても、原因がとり除けないケースも多々あります。

原因がとり除けないケースとして、

**①原因を究明するのにコスト（人・もの・金・時間）がかかりすぎるとわかっている場合**

**②究明した原因が排除できない場合（法律で定められているなど制度、構造、物理的に排除不可能）**

**③複合的な原因があり、1つだけ排除しても問題が解決できないような場合**

などで行き詰ることも出てくるでしょう。

そのような場合は、原因究明排除型から課題達成型にシフトします。つまり、「問題解決」から「課題達成」になるわけです。原因はさておき、どうしたら解決できるか？ にフォーカスして考えることにより、打開策をみつけようという態度に変えていくことが必要なのです。

## 原因究明型から課題達成型へのシフト例

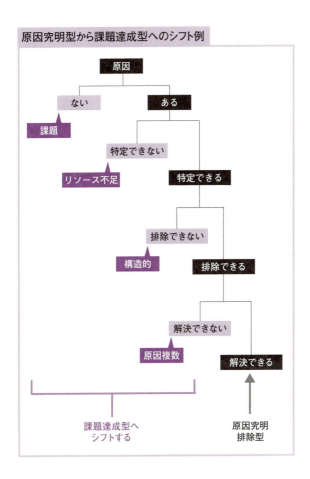

## 2つの視点でアプローチを決める

　ロジカルに聴いて、何に答を出し、提案すべきかを明確に把握できたら、次に提案内容をロジカルに考えていくプロセスに移ります。

　提案すべき内容が「問題解決」なのか、「課題達成」なのかによって考える内容も変わります。

　相手が何を求め、自分は何について答えなければならないのか。

　相手が誰か（相手の視点の高さと視野の広さ）によっ

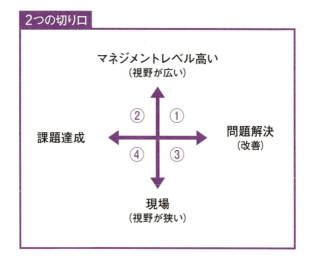

て、効果的なロジックも変わってきます。
　これを左下図のようにとらえると、次のようなパターンで考えることになります。

①問題解決型・マネジメントレベルが高い
②課題達成型・マネジメントレベルが高い
③問題解決型・現場に近い
④課題達成型・現場に近い

　本書ではこのパターンを基本にして、提案内容を考えることにします。

■分岐を考える
　まず、初めに考えるのは、そのイシューは問題解決型か課題達成型かということです。
　前段で解説したとおり、問題解決型イシューは何らかの原因があって、現状、あるべき状態に達していない場合を言い、その原因を探求して排除することを対策としたものです。
　一方、課題達成型イシューの場合は原因はさておき、どうすればその課題が達成できるかというアイデアを出し、対策を考えるという解決方法でした。

## ■問題解決なら

問題解決であれば、誰にとって何が問題なのか、それがなぜ問題なのかを明確にしたうえで、原因を探っていきます。

そして根本的な原因が判明したら、その原因を排除、解決する方策を打ち出します。

場合によっては原因究明自体が困難であったり、原因がわかっても、排除できないケースも考えられたりします。

そのような場合は、原因を究明するのをいったん脇において、どうすれば問題が解決するのかという課題達成型の考え方で対応します。

## ■課題達成なら

達成したい将来の状態が示されており、そのための方策を提案するような場合、「どのようにして（how）」達成するかということを示す必要があります。

この場合は、未来のことですので、その方策を実行すれば必ず達成できるという保証がありません。その中で意思決定を勝ちとるためには、いかにその方策が合理的に考えて妥当かということを示していく必要があります。

そのためには、提案内容の信憑性(しんぴょうせい)を高める努力が必要です。

例えば、顧客に対するリサーチ結果で、どのような要望が第1位であるとか、実際にテストマーケティングをした結果、どのような項目の満足度が高いかなどが挙げられます。

根拠となるのは実際の調査データのほか、自社実績や他社事例、信頼できる研究結果など、さまざまなものが考えられますが、提案内容によって最も有力な根拠を提示することが求められます。

## ロジックツリーで仮説に必要な根拠を抽出する

ロジックツリーについては先に述べたように、答えを出したいテーマに対して、why＝なぜ？で掘り下げていく問題解決型のwhyツリーと、so how＝だからどうする？で掘り下げていく課題達成型のso howツリーがありました。

ここで大切なのは、ツリーの同じ高さにくる項目同士が、互いに「モレなく、ダブりなく」という関係＝MECE（Mutually Exclusive and Collectively Exhaustive）になっていることです。

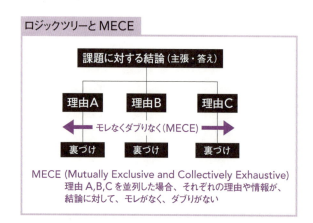

## ■相手が経営層に近い（視野が広い）場合

　プレゼンをする相手のマネジメントレベルが高い社長や役員といった人は視点も高く、視野を広く持たなければなりません。そのため企業にとって重要で、インパクトの大きいテーマの場合、一面的な理由では承認することはできません。

　重要度の高い意思決定にはスキのない十分な理由づけが求められます。そこで役に立つのが、ロジックツリーとMECEです。例えば、結論に対して理由が3つあり、それぞれの理由に裏づけがある。MECEはこの3つの理由にモレがなくダブりもないという意味です。

結論に対する根拠は3つが効果的であるというのは、"Tree Points Rule"と言って、日本以外の国のプレゼンの教科書にも載っています。

　その根拠がMECEであると効果的な理由は、相手のマネジメントレベルが高い場合、多面的なスキのない理由づけが必要になるからです。

### ■相手が現場に近い（視野が狭い）場合

　ここでは「視野が狭い」といっても悪い意味ではありません。現場レベルでの意思決定の場合、重要度が中程度、経営に対するインパクトも中程度以下であれば、モレ、ダブりのない緻密な理由づけよりも、スピーディーな意思決定をするに足る理由が1つあれば説得できることもあります。

　これは共感から入って納得に落とす方法で、大切なのはいかに相手を納得されられる理由をみつけられるかということになります。(→p104)

### ■ロジックツリーを描いて考える

　それでは、実際にロジックツリーを描き、ロジカルに提案を出すまでをやってみましょう。

　この練習例をロジックツリーに落とす前に、まず考えてもらいたいことがあります。

例えば、右の練習例のような、IT関連の問題が生じた時、問題点はシステムトラブルの原因追究ではなく、ビジネスイシュー＝業務上の問題解決になります。

　つまりこの事例では、会議に情報が間に合わないことが問題なのです。

　それをIT担当者は、技術イシューとしてとらえ、「なぜメールが届かないのか？」という原因分析にとりかかりがちなのです。

　そうすると、社員は「そうじゃないんだ、資料を使いたいんだ！」とイライラすることが多いのです。

　この例はまず、イシューのとらえ方が違うことに注意して、問題解決型と課題達成型の違いを考えてもらいたいと思います。

　ビジネス現場でも、顧客やユーザーから「いやいや、原因なんかどうでもいいんだよ、そうじゃなくて、私のこの問題(課題)を解決したいんだよ」と言われるのではなく、共感が得られるような解決手段を考えることが、最も重要なポイントであり、ここが本質です。

あなたはA自動車のIT担当者で、新宿の本社に勤務しています。電子メールを含めたシステムを担当していますが、最近、迷惑メールが増えたため、昨日の日曜日にメールサーバー（郵便局の役目をするコンピュータ）の設定を変更しました。

　今回は、迷惑メールの多い営業部門にある1セクションの人を対象にしてテストすることにしました。
　全社的に改変を行う前に、まず、どんなトラブルが出るかを洗い出すためです。今回の改変によって迷惑メールと判断されたメールは、サーバー内に隔離され、ユーザーには届かなくなるはずです。

　あなたはIT担当者なので、サーバー上に隔離されたメールにアクセスすることができます。
　また、このメールサーバーは10MB以上の添付ファイルを受信できません。もし送った場合は、送信者にエラーメールが自動返信されます。

　テスト開始の月曜日、朝8:30に本社営業部の伊藤さんから内線電話がかかってきました。大田区平和島にあるお客さんのB運送さんに依頼してテストメールを送ってもらった結果の報告です。

　定例の月曜10時から始まる営業会議で発表する内容に毎週B運送さんから送ってもらう添付書類の写真データとグラフのデータが届かなかったということでした。

　「これは不具合だ」ということで、原因を調べるとともに、もしこういう事態が起きた場合には、どう対処するかということを考えておかなければならないことに気づきました。

■ why ツリーを描いて考える

ではこの問題を問題解決型の why ツリーでとり組んでみます。

まず、問題をそもそもテストを依頼した『伊藤さんのメールが届いていない』と設定して原因を考えていきます。

一見ムダに見えるような作業でも、あらゆる可能性を排除しないで、モレ、ダブりなく考えると

練習例　why ツリー

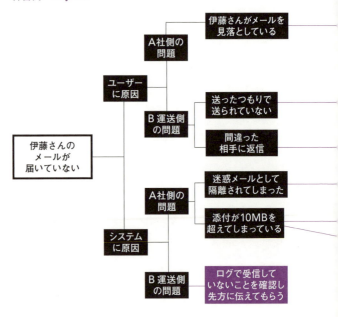

いう練習として一緒に考えてみて下さい。

ここで起きている現象を洗ってみると、ユーザーに原因があるか、システムに原因があるかのどちらかです。

ユーザーに原因がある場合、A社（自社）側の問題か、B運送側の問題になります。

A社側の問題の場合、実は届いているのに、伊藤さんが見落としている可能性もあります。

ログを確認し届いている旨、
伊藤さんに伝える

ログを見て
受信していないことを確認し、
先方に伝えて送信してもらう

設定を変更して
通常メールとして認識させる

設定を変更して
受信可能とする

先方に依頼して
再送してもらう

先方に依頼して
分割または圧縮して
再送してもらう

原因
解決策

そうであれば、ログ（履歴）を確認して、メールが無事届いているのを確認するよう、伊藤さんに伝えることが解決策になります。

　B運送側の問題であれば、送ったつもりで送られてないか、誤った宛先に送ったかの可能性があります。どちらの場合も、ログを見て受信していないのを確認し、先方に伝えて送信してもらうことが対策となります。

　一方、システムに原因がある場合も、A社側の問題か、B運送側の問題に分かれます。

　まず、A社側の問題の場合、迷惑メールとして隔離されてしまったか、添付が10MBを超えてしまっていることで受信できなかったかの可能性があります。迷惑メールとして隔離されてしまったのであれば、設定を変更して通常メールとして認識させることで受信できます。

　添付が10MBを超えてしまっている場合は、メールサーバーの設定を変更し、10MB以上でも受信できるようにしてから、先方に依頼して再送してもらう方法があります。

　設定を変えない場合は、10MB以内になるよう先方に依頼して、分割または圧縮して再送してもらうかのどちらかが解決策になります。

B運送側の問題であれば、ログで受信していないことを確認し、先方に送信されていない旨を伝えてもらうというのが解決策になります。
　このように原因となる可能性をMECEになるように分解していき、その原因を排除するという対策が、解決策となります。

■ so how ツリーを描いて考える

　次にこの問題を課題達成型のso howツリーでとり組んでみましょう。
　そのためには課題を、もしこうした事態が生じた場合、『会議に情報を間に合わせるには』と設定して方法を考えていきます。
　まず、電子的に受信するか、物理的に受けとるかです。
　電子的に受信する方法としては、メールで受信するか、ファイル共有で受信するか、FAXで受信するかです。
　メールで受信する場合は、A社、あるいはB運送のどちらかのメールシステムに問題がある可能性も否定できないので、［互いに社外のフリーメールで送受信する①］ことによって確実に受信できるでしょう。（社内や相手先でセキュリティの問

**練習例　so how ツリー**

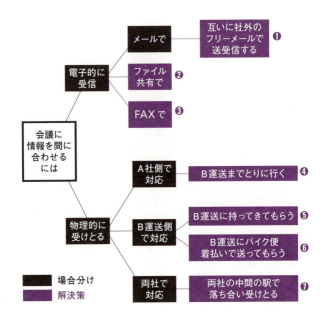

題がクリアされている場合)

　[ファイル共有で②]受信する場合については、互いの環境にアプリケーションをインストールしてから共有してファイルをやりとりすることになります。

　[FAXで③]受信する場合は、先方で印刷してFAXする手間がかかることと、写真の品質は低

下することが考えられます。

　物理的に受けとる場合は、A社で対応するか、B運送で対応するか、両社で対応するかに分かれます。

　A社で対応するなら、［B運送までとりに行く④］という方法があります。

　B運送で対応するなら、［B運送に持ってきてもらう⑤］か、［B運送にバイク便着払いで送ってもらう⑥］という方法があります。

　両社で対応するなら、時間的に考えて［両社の中間の駅で落ち合い受けとる⑦］という方法があります。このように、できるだけMECEに場合分けしながら、対策を考えていきます。

　この際重要な点は、最後に挙げられた対策を実施すれば、必ず問題が解決するような案でなければならないということです。例えば、実際には迷惑メール扱いになっていたことが原因なのに、「先方にファイルを分割・圧縮して再送してもらう」という対策を実行しても問題は解決しません。

　so howツリーによる解決策は、その対策を実行すれば、必ず問題が解決する対策になっている必要があることに注意します。

# 提案の内容評価と決定基準

## ■評価項目が2つの場合

問題の原因を特定する why ツリーと違って、課題達成型 = so how ツリーで分解すると複数の解決策が出てくることがあります。その場合、どの策を実施すればいいのか迷うケースが出てくることもあるでしょう。この決め方に根拠がないと、ロジカルな提案とは言えません。例えば評価項目を（コスト / 先方の負担）の2軸に設定してみます。

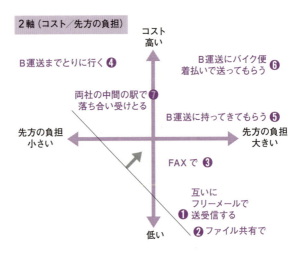

so howツリーで挙げられた①〜⑦の解決策をコストが高いか低いか、先方の負担が大きいか小さいかで評価し、2軸の図にプロットします。プロットが終わったら、案を決定します。

　2つの軸でコストが低く、先方の負担が小さいものから選ぶのであれば、086ページのように左下から斜めに線を移動していき、初めに線に触れた案、ここでは①と②の優先順位が高いということになります。

　コストが高いか低いか、早いか遅いかで評価するなら、087ページの図のようにプロットして

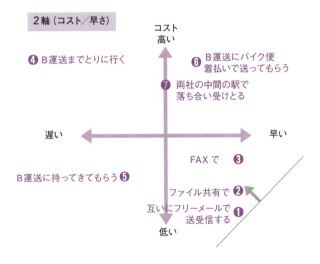

いきます。プロットが終わったら、2つの軸でコストが低く、早いものから選ぶのであれば、087ページ図のように右下から斜めに線を移動していき、初めに線に触れた案、ここでは①と②の優先順位が高いということになります。

評価項目が2つの場合はこの2軸でプロットするという手法がやりやすいでしょう。

## ■評価項目が3つ以上の場合

**AHP (Analytic Hierarchy Process) 法**

意思決定をする際の評価項目が3つ以上になる場合に役に立つのがAHP法という手法です。

これはピッツバーグ大学のサーティ教授が開発した手法で、定性的な評価要因を定数化することができ、わかりやすく説明しやすいので、プロジェクトチームでの意思決定の際に活用することもおすすめです。

例えば、先ほどのメール不着の不具合の例を検証してみます。

解決案として7つ（①〜⑦）あり、評価項目「コスト」「先方の負担」「早さ」が3つ（A,B,C）あった場合、一般的な評価の仕方としては、Aという評価項目について①〜⑦に点数をつけ、次にB

について、最後にCについてと…、全ての項目について10段階評価で点数をつけていく方法になります。

　このA,B,C3つの評価結果の点数を合計して、一番多い案を選ぶのが一般的なやり方です。

　これは一見よさそうですが1つ致命的な問題があります。この方法ではA,B,Cの評価がすべて対等の価値がある場合しかうまくいかないということです。例えば、以下の結果だったとします。

**案①**…Aは6点、Bは3点、Cは8点　計17点
**案②**…Aは8点、Bは6点、Cは3点　計17点
**案③**…Aは3点、Bは8点、Cは6点　計17点

　案①、②、③ともに合計得点は17点で同点です。これでは自分にとっていい選択ができません。

　もし、評価項目A,B,Cのうち自分にとってCが最も重要なのであれば、Cのスコアが最も高い案①がふさわしいということになります。

　このように評価項目同士の重要度に変化をつけることを「重みづけ」と言います。AHP法はこの感覚的な重みづけを論理的に数値化するところによさがあります。次のページではAHP法を使った提案決定の方法を解説しましょう。

AHP法を使った意思決定の全体の流れです。

(1) 評価項目を決める。
(2) 評価項目の重みづけ係数を算出するために比較・評価する
(3) 重みづけ係数を計算する
(4) 案を5点満点で評価する (→ p.093)
(5) 各案の点数に重みづけ係数を掛け、各案の値を算出し、順位をつける

それでは先ほどの事例で『会議に情報を間に合わせるには』の課題達成で出てきた①〜⑦の案についてAHP法を使って評価してみましょう。

(1) まず、評価項目を決めます。ここでは[コスト][先方の負担][早さ]の3つとします。

(2) 次に評価項目の重みづけ係数を算出するために比較・評価します。

まずは、評価項目同士を比較して、どちらがどの程度重要かということを考え、ここでは9段階で評価してみます。(1,3,5,7,9／2,4,6,8は予備)

コストと先方の負担を比較すると、コストが安いことよりも先方の負担が少ないことのほうを、かなり重要であると考えて『7』と評価しました。

## AHP (Analytic Hierarchy Process) 法

(1) 評価項目を決める
(2) 評価項目の重みづけ係数を算出するために比較・評価する
　　ここでは 1/9〜9 で評価する

| | |
|---|---|
| X のほうが Y より、決定的に重要である | 9 |
| X のほうが Y より、かなり重要である | 7 |
| X のほうが Y より、まあまあ重要である | 5 |
| X のほうが Y より、やや重要である | 3 |
| X と Y に優位性の差はほとんどない | 1 |
| Y のほうが X より、決定的に重要である | 1/9 |
| Y のほうが X より、かなり重要である | 1/7 |
| Y のほうが X より、まあまあ重要である | 1/5 |
| Y のほうが X より、やや重要である | 1/3 |

| | コスト | 先方の負担 | 早さ |
|---|---|---|---|
| コスト | 1 | 1/7 | 1/9 |
| 先方の負担 | 7 | 1 | 1/5 |
| 早さ | 9 | 5 | 1 |

(3) 重みづけ係数を計算する…評価項目の数が 3 つなので、それぞれの値を 3 分の 1 乗する（評価項目の数が n なら n 分の 1 乗）
　コスト　　　：(1×1/7×1/9) の 3 分の 1 乗　＝ 0.25
　先方の負担：(7×1×1/5) の 3 分の 1 乗　　＝ 1.12
　早さ　　　　：(9×5×1) の 3 分の 1 乗　　　＝ 3.56

【参考】下記の小数点第 3 位を四捨五入する
$(1×1/7×1/9) × 3$ 乗根 $= 0.25131…$
$(7×1×1/5) × 3$ 乗根 $= 1.11868…$
$(9×5×1) × 3$ 乗根 $= 3.55689…$

3 分の 1 乗を Excel で計算する方法（→ p.96）

［コスト］と［早さ］を比較すると［早さ］のほうが決定的に重要であると考えて『9』としました。
［先方の負担］と［早さ］を比較すると［早さ］の方がまあまあ重要であると考えられるところから『5』としました。その反対側は1/7、1/9、1/5とします。

### (3) 重みづけ係数を計算します。

［コスト］については1 × 1/7 × 1/9に、評価項目の数（この場合は3）を、3分の1乗として、それを掛け『0.25』が出ました。

同様に、［先方の負担］は『1.12』。［早さ］は『3.56』という係数が出ました。この3つの数値を掛け合わせると0.9968、小数点第3位を四捨五入して1になります。

### (4) 案を5点満点で評価します。(右図参照)

案①〜案⑦について、［コスト］、［先方の負担］、［早さ］の3つの観点で5点満点で評価します。

例えば、案①の場合は、［低コスト］5点、［先方の負担軽］5点、［早さ］5点としました。

## AHP (Analytic Hierarchy Process) 法による評価

(4) 案を5点満点で評価する
(5) 各案の点数に重みづけ係数を掛け、各案の値を算出し、順位をつける

| | 低コスト (0.25) | 先方の負担軽 (1.12) | 早さ (3.56) | 合計 | 順位 |
|---|---|---|---|---|---|
| ① 互いにフリーメールで送受信する | 5 ×0.25 | 5 ×1.12 | 5 ×3.56 | 24.65 | 1 |
| ② ファイル共有で | 5 ×0.25 | 4 ×1.12 | 5 ×3.56 | 23.53 | 2 |
| ③ FAXで | 4 ×0.25 | 3 ×1.12 | 5 ×3.56 | 22.16 | 3 |
| ④ B運送までとりに行く | 2 ×0.25 | 5 ×1.12 | 2 ×3.56 | 13.22 | 7 |
| ⑤ B運送に持ってきてもらう | 4 ×0.25 | 1 ×1.12 | 4 ×3.56 | 16.36 | 5 |
| ⑥ B運送にバイク便着払いで送ってもらう | 1 ×0.25 | 2 ×1.12 | 4 ×3.56 | 16.73 | 4 |
| ⑦ 両社の中間の駅で落ち合い受けとる | 3 ×0.25 | 3 ×1.12 | 3 ×3.56 | 14.79 | 6 |

＊本書では案の一対比較ではなく、絶対値の評価とします。判別しやすいように、最終案を5点満点で評価しています。
＊「誰を選ぶか」という意思決定の場合なら一対比較をよく使いますが、一対比較では、案と案の相対的な関係しか示さないため、本書の例のように、選択肢の優先順位をつける場合は、絶対評価を使って評価するケースが多いです。

## (5) 各案の点数に重みづけ係数を掛けて、各案の値を算出し、順位をつけます。

　数値が出たら、それぞれの項目について重みづけ係数『0.25』、『1.12』、『3.56』を掛けた値の合計を出します。

　計算が終わったら、合計点を計算し、多いものから順位をつけます。

　この順位こそ、評価項目の重みづけも考慮された優先順位の高さを表すことになります。この方法で一番となったのは［①互いにフリーメールで送受信する］です。

　この例ではロジカルに考えることをわかりやすくするために単純な答になるような例を出しましたが、実際の業務ではさらに細かな検討項目を立てる必要も出てくると思います。

　例えばこの例でも、緊急的な不具合が生じた際にフリーメールというのは機密漏洩の恐れがあるということであれば、評価項目に「機密漏洩の安全性」という項目を入れ、自社費用とのトレードオフを考える必要も出てくるでしょう。

　ロジカルに考えるということは、あらゆる可能性について考えるということでもあり、そこで出

てきた案について合理的に検討するという作業が必要になります。このようにso howツリーで出されたアイデアをAHP法で意思決定する作業をグループでやると「なぜ、その案になったのか？」という理由が説明できます。

● 評価項目を何にしたか
● 評価項目の互いの重要度をどう評価したか
● 各案の各評価項目ごとに何点と評価したか

　この3点が順位づけを生んだ理由になるからです。

　この情報が共有化されていれば、客観的な議論ができるようになります。「評価項目の重要度や関係評価を見なおしたほうがよいのでは？」とか「項目ごとの点数のつけ方に異論がある」のように根拠に基づいた検討ができるでしょう。

　実際に言われた意見をもとに、数値を変更して計算し直してみると、順位の変動があるかもしれません。意思決定過程が見える化されるところが、このAHP法の優れている点です。

> **＊参考1　Excel を使った3分の1乗の計算方法1**
> Excel のセルに　= x^(1/n)　を入力します。
> セル A1 の値の3乗根…　= A1^(1/3)
> セル A1 の値の4乗根…　= A1^(1/4)
> セル A1 の値の n 乗根…　= A1^(1/n)

> **＊参考2　Excel を使った3分の1乗の計算方法2**
> Excel 関数のうち「POWER」を使います。
> セルに　= POWER（数値 , 指数）　を入力します。
> セル A1 の値の3乗根…　= POWER(A1,1/3)
> セル A1 の値の4乗根…　= POWER(A1,1/4)
> セル A1 の値の n 乗根…　= POWER(A1,1/n)
>
> 1 × 1/7 × 1/9 × 3分の1乗であれば
> 　= POWER（1 ＊ 1/7 ＊ 1/9, 1/3）となります。
> 同様に、
> 7 × 1 × 1/5 × 3分の1乗であれば
> 　= POWER（7 ＊ 1 ＊ 1/5, 1/3）
> 9 × 5 × 1 × 3分の1乗であれば
> 　= POWER（9 ＊ 5 ＊ 1, 1/3）となります。

第4章

# ロジカルに伝える

## プレゼンのストーリーを考える

### ■ロジカルチェックリストの活用

　いよいよプレゼンで主張・提案を伝える準備に入ります。この段階で最も重要なことは、ストーリー（全体の筋書き）作りです。

　プレゼンストーリーの骨子を作る段階で「なるほど」と思えないものは、どんなに飾っても、裏づけを示しても、相手を説得することは難しいでしょう。

　そこでロジカルチェックリストを活用します。

　これは、表中の問いに対して欄を埋めていくことで、大筋のストーリーが浮かんでくるように作られています。このリストの内容を読んだだけでも「なるほど」と思えるようになっていることがストーリーを作るうえで大事です。

　トップマネジメントなど、プレゼン相手の視点が高く、視野の広い相手の時には、「ダイヤモンドモデル」（→p.100）を使った、しっかりとしたストーリー構成が効果的でしょう。

　一方、現場レベルで相手を説得するプレゼンであれば「説得の4ステップ」（→p.104）を使い、ま

ず聴かせる相手に、問題点に対する共感を生んだうえで対策を述べるストーリーが効果的です。

プレゼンストーリーを作る目的は、相手が意思決定をするための十分な理由づけを、効果的に提示することです。

そのため、同じテーマのプレゼンであっても、相手の興味関心のポイントによってストーリーを変えたほうが効果的な場合も出てくるのです。

**ロジカルチェックリスト**

| | | |
|---|---|---|
| 1. 誰に？ | 相手 | 誰に対して話すのか |
| 2. 何を引き起こす？ | ゴール | 話し終わった時に相手がどうなればよいか？ |
| 3. それはなぜ？ | 目的 | なぜ話す必要があるのか？ |
| 4. 主張 | 主張 | 一番、言いたいことは？ |
| 5. 客観的理由 | 理由＋裏づけ | 相手にとって十分に納得できるか？ |
| 6. 具体的行動 | 行動 | 相手にしてほしい具体的な行動は？ |

## ダイヤモンドモデルでストーリーを考える

　プレゼンをロジカルにするためには、フレームワークに当てはめてストーリーを作ると効果的です。ここではまず「ダイヤモンドモデル」を紹介します。

　ダイヤモンドモデルは、しっかりとストーリーを構築できるので、マネジメントレベルの高い相手を説得する際に効果的です。ロジックツリーとMECEを使って考えた内容も、ダイヤモンドモデルであれば的確に表現できます。

出典：Kevin Carroll , Bob Elliott『ビジネスは30秒で話せ!』

■ **注意を引く**

　まずはオープニングです。ここで重要なのは相手の注意・関心を引くことです。

　オープニングでは「なぜ、私はこの話を聴かなければならないのか？」という疑問に答える内容を入れることで、相手の関心を高めます。

　具体的には「この話を聴くことはあなたにメリットがありますよ」「この話を聴かないとあなたは損しますよ」という内容が効果的です。

　そして、何についてのプレゼンなのか、この話を聴き終わったら聴き手である自分は何をすればいいのか、何を求められているのかがわかると、聴き手は落ち着いて話を聴くことができます。

■ **メイントピック**

　ここではテーマや解決すべき問題点など、できるだけ簡潔に主題を示します。

　この段階では「何についての話か」がわかればよいので、はあまり詳しく説明する必要はありません。

## ■サブトピックの紹介 1,2,3
　ここで3つのポイントを簡潔に伝えます。可能な限り説明は省き、まず3つのポイントが何かを把握してもらうことが重要です。

## ■サブトピック1
　ここで一番目のトピックについて詳しく説明します。もし、理由であれば相手が「なるほど」と思える理由を提示します。
　裏づけとなる客観的データや情報は、ここで提示します。サブトピック2と3も1と同様です。

## ■サブトピックの要約 1,2,3
　ここでもう一度3つのサブトピックを簡潔に伝えます。余分な言葉は不要です。聴き手は既に詳しく聴いていますから見出しだけで十分です。

## ■結論
「以上、3つの理由により…です！」と結論を述べます。

## ■アクションプラン
　ここでは聴き手に対してとってほしい具体的な

行動を示します。少なくとも「誰に」「いつまでに」「何を」してほしいのか、言葉にしましょう。

プレゼンでよく見受けられる、非常にもったいない終わり方に次のようなものがあります。

「…以上です。ご清聴ありがとうございました」
「…というわけで、よろしくお願いします」

と言ってプレゼンを終わってしまう例です。

せっかくロジカルに説明をしてきたのに、肝心の「聴き手にとってほしい行動」を伝えていません。これは聴き手にしてみれば「なんだ、この話は聴くだけでよかったのか」と思ってしまい、何も行動に移してくれないかもしれません。
「よろしくお願いします」は、具体的に何をお願いされているのかが不明確です。そのため、残念ながら具体的に行動に移される確率は下がってしまいます。

ハイコンテクスト文化の日本らしい表現ではありますが、ビジネスにおいてはやはりきちんと言葉にして伝える必要があります。

聴き手が具体的に何をすればいいのか、はっきりわかるようにして下さい。

## 共感から入って納得に落とす
## 説得の4ステップ

　現場レベルで相手を説得する場合なら、共感から入って納得に落とす説得の4ステップが効果的です。

①問題を提示し、共感を生む
②問題の解決策を提示する
③解決策のメリット、理由や根拠を示す
④とってほしい行動を具体的にイメージさせる

　このフレームワークは、問題解決や改善提案にとても効果的です。説得力を高めるポイントは最初の「①問題を提示し、共感を生む」にあります。ここで「確かにそれは問題だ！」と相手の共感を得ることが必要なのです。
　もし問題を提示しても「いや、別にいいんじゃないか」と言われてしまったら、提案そのものが成り立ちません。
　相手の立場に立った時、いかにそれが問題かという共感を生み出すところが、大きなポイントになります。

その意味で「④とってほしい行動を具体的にイメージさせる」も大切です。

プレゼンをされて聴き手が最も知りたいのは、「自分は何をすればいいのか？」という点です。「承認」すればいいのか、「行動」すればいいのか、「意思決定」すればいいのか…。

何をすればいいのかという聴き手の持つ最大の疑問に答えないで終わってしまっては、プレゼンのゴールを達成することはできません。聴き手に何をしてほしいかを、いかに具体的にイメージできるように伝えるかが最も重要なのです。

## ワンビジュアル、ワンメッセージでスライドを作る

ここで、スライド作りについて、少しだけふれておきましょう。日本で使われるプレゼンスライドと、グローバルで使われるスライドには大きな違いがあります。

日本では、非常に詳細なスライドを作成することがよく見受けられます。

これは場合によって聴衆がそれを要求するため仕方ない面も否めません。

例えば、製薬業界や医療機器業界では聴き手であるドクターから「説明することは、画面にすべて映してください。画面に映したものはすべて印刷して配布してください」と言われるそうです。

こうなると、配布資料が基準となり、ただ配布資料を画面に映すだけということになります。

このような特殊なケースではやむを得ないのですが、グローバルなプレゼンではシンプルなキーワードや図（イラストや写真）しか表示しないスライドを作ることが多いのです。

聴衆はスライドを見ただけでは意味がわかりません。ライブ＝プレゼンターの話を聴かざるを得ないわけです。

つまり、ライブを視覚的に支援する補助資料がスライドであるという考え方です。

日本においてもスライドを作る際に、ぜひ注意していただきたい原則があります。それは「1ビジュアル、1メッセージ」ということです。
「このメッセージを伝えたいから、このビジュアルを使う」という具合に、使用するビジュアルの目的、メッセージを明確にすることです。

あまりにも文字がたくさんあるスライドは、聴衆が見た瞬間に読むことを諦めてしまいます。

伝える側は聴き手の負担をできるだけ軽減する配慮と工夫が求められるのです。

## ■詳細な資料は配付資料にして用意する

どうしても詳しい内容を説明する必要がある場合には、配布資料（ハンドアウト）にして配ります。そして「お手元の…をご覧ください」と、説明します。

特に事例5,6（→ p.198,p.218）のように、トップマネジメント層へのプレゼンは得てして時間が短く、スライドも要点だけというケースが多いものです。しかし逆に配付資料は厚く、調査結果や提案根拠となるしっかりした裏づけが必要です。

日本では表示するスライドをそのまま「配布資料印刷」として1枚に2ページぐらい印刷したものを配布することもありますが、これは表示するスライドをすべて先に見せてしまうことになります。そうなると聴衆に先読みされてしまい、プレゼンの効果を下げてしまう場合もあります。

スティーブ・ジョブズのプレゼンを思い出してください。ほとんど文字のないスライドです。だから聴衆はスライドだけを見ても意味がわからないので、プレゼンターのライブを聴くわけです。

さらに、スライドでは表現しきれない細かいデータや情報がある場合、これらの情報をハンドアウトとして資料を配布するのです。
　配布された資料だけを見てもやはり意味がわかりません。そうなると、聴衆はプレゼンターのライブを聴くようになるのです。
　新製品に関するプレゼンで、メーカーが販売代理店に対して行う場合は、表やグラフの見出しを「製品A、製品B…」という具合に伏せた資料を印刷し、ライブのスピーチの中で製品Aが何を示すのかを口頭だけで伝えるというやり方もあります。
　さらにそのデータが他に回らないように、プレゼン終了後、回収するような方法がとられます。

　ロジカルに聴く→考える→伝えるというプロセスを通して、聴いた情報を整理し、提案内容を考え、どうすればロジカルに、わかりやすく伝えることができるか。
　その結果として、聴き手に意図する行動をとってもらうこと。それを相手にうまく納得させられるかを体得できれば、この本の目的は達成したことになります。

## デリバリー（delivery）

　プレゼンの内容がロジカルに準備できたら、後はライブで伝える最後の段階です。この伝え方をデリバリー（伝達）と言います。
　具体的には

- 立ち方、姿勢　　　　　：ビジュアル（visual）
- 声の大きさやスピード　：ボーカル（vocal）
- どんな言葉を使うか　　：バーバル（verbal）

があります。
　このデリバリーによる効果の違いが注目されるようになったできごとは1960年に行われたアメリカ合衆国大統領選挙です。この年は、リチャード・ニクソンとジョン・F・ケネディが選挙戦を戦いました。ニクソン候補優勢で迎えた史上初のテレビ討論会でのこと。
　ケネディ候補は、白黒テレビ特有の強烈なライトでもはっきりと表情が見えるようにお化粧をし、服装も白黒テレビに生える色合いのスーツ、シャツ、ネクタイを選びました。一方のニクソン候補は気にしていなかったようです。

結果どうなったか？　テレビの見栄えは圧倒的にケネディ候補がよかったようで、この討論会をきっかけに支持率が逆転し、そのまま大統領選に勝利したと言われています。

　デリバリーの重要性を表す有名なリサーチがあります。アルバート・メラビアンのリサーチ＊と言われるものです。

　これは、話す内容（バーバル）と、声の調子（ボーカル）と、表情や振る舞い（ビジュアル）を、あえて異なるものにしたら、いったい、どの情報がどの程度伝達されたかという実験です。

　その結果、話す内容（バーバル）7％、声の調子（ボーカル）38％、表情や振る舞い（ビジュアル）55％という結果になりました。

　これは正確に言うと、相手に対する感情（好意・嫌悪）などが、どの情報を通じて伝わったかとい

---

＊出典
・A. Mehrabian and S.R. Ferris, "Inference of attitudes from nonverbal communication in two channels," Journal of Consulting Psychology, Vol.31, pp 248-252. 1967
・A. Mehrabian and M. Wiener, "Decoding of Inconsistent Communications," Journal of Personality and Social Psychology, Vol. 6, No. 1, pp. 109-114. 1967
・A. Mehrabian, Silent messages, Implicit Communication of Emotions and Attitudes, Wadsworth Pub. Co. 19722nd Ed 1986　邦訳・西田司ほか共訳『非言語コミュニケーション』聖文社 1986

う実験です。その結果の数字がインパクトのあるものだったので、誇張され過ぎているケースもあります。

ただしこのリサーチ結果から、「ビジュアルやボーカルが重要だ！」という認識が広まることにはつながったようです。

## ビジュアル (visual)

まずは「ビジュアル」です。ビジュアルの要素には5つの要素があります。

1. 服装　　2. 立ち方、姿勢　　3. 表情
4. ジェスチャー　5. アイコンタクト

### 1. 服装

ドレスコードがある場合は、ドレスコードに準じた服装にします。場違いな服装では、聴衆の関心は内容ではなく、服装に行ってしまいます。

業界によっては、「茶色の靴は厳禁」とか「シャツは白など薄い色の無地のみ。ストライプも厳禁」とか「ネクタイは無地またはストライプのみで、絵柄は厳禁」などのドレスコードがあるそうです。

## 2. 立ち方・姿勢

　立ち方は、足を肩幅程度に開いて立ちます。両足は均等に重心が真ん中にくるように立ち、背筋はまっすぐにします。手は前や後ろに組むことなく、開いた形で両脇に自然に垂らすのが基本姿勢です。

　女性の場合もパンツルックでしたら同様の立ち方です。スカートの場合は演台などで聴衆から足が見えないのであれば同様の立ち方で結構です。

　しかし足が見える場合で、開いて立つと品がないように見えてしまう恐れがある場合は、かかとをつけた状態から片足を後ろに引いた形で前後に少し開くとよいでしょう。

　男女ともに、聴衆から見て右前に立つ場合なら、プレゼンターの右側にスクリーンが来ますので、右足を後ろに引いて半身になるとスクリーンと聴衆の両方が見やすくなります。

　反対に聴衆から見て左側にプレゼンターが立つのであれば、スクリーンが左手側になりますので、左足を後ろに引くとよいでしょう。

　なぜ、足をそろえて立たないかというと、両足をそろえて立つと、どうしてもふらふらして安定しないからです。

立つ場所については、会場の設営状態にもよりますが、くれぐれも聴衆とスクリーンの間に自分が立たないように気をつけてください。
　あなたでスクリーンが死角になってしまう人は、話を聴きながらも「見えないじゃないか！」とイライラしているかもしれません。
　何よりもプレゼンターである、あなたに対して「この人は聴衆のことを全く考えていないな！」と判断してしまう恐れさえあります。
　手について言うと、日本人は前に組む方が多いです。これは聴衆に対して「偉そうに見えないように」「謙遜または低姿勢をアピールしたい」場合など、お客様に対するプレゼンの際にありがちです。
　なぜ、前で手を組んでいると丁寧な印象になるのでしょうか？　前で手を組む姿勢の職業の人といえば、多くの人が真っ先に思い浮かべるのがホテルマンです。実はヨーロッパにおいて、右手の手首を左手で押える姿勢は、「あなたに暴力をふるいません」という意思表示を表す姿勢だったのだそうです。このような背景から執事やホテルマンなどお客様を迎える職業の姿勢として定着したのでしょう。

プレゼンを行う際は、できるだけオープンな姿勢がよいとされています。腕を組むという振る舞いは防御的な姿勢を意味し、「人から何かを言われたくない」「あなたの話は聴かない」など、別の意味を持ってしまうことがあるからです。

　ジェスチャーをするためにも腕は組まずに開いておいたほうが使いやすいです。

　動作で言うと、グローバルなプレゼンでは、プレゼンターが歩き回ることもあります。しかし、ただ、やたらに歩き回っても落ち着きのないプレゼンターに見えてしまうかもしれません。

　ここでプレゼンする際の動きについて大切なポイントをお伝えします。『意味のある動きはおかしくない。意味のない動きは見ていて気になる』ということです。

　手をぶらぶらさせる、手に持っている指示棒やペンをカチャカチャする、無意味に歩き回るなど、意味のない動きは非常に気になります。人によっては不快に感じることさえあります。

　一方で意味のある動きは聴衆を不快にすることがありません。例えば、強調したいためのジェスチャー、訴えたいために前に歩きだす、スライドのどこを見てほしいか指すために歩いていくな

ど、意味のある動きは見ていても不快にならないだけでなく、変化をつけたり印象に残るものです。自分の動きの意味に意識を向けましょう。

## 3. 表情

　一言で言えば表情は「内容にマッチした表情」がふさわしいのです。メラビアンのリサーチのように言葉とマッチしない表情をしてしまうと、表情からの影響のほうが大きく伝わってしまう可能性があります。

　聴衆にしてみれば、言葉とマッチしない表情というのは「この人は正直に語っていないのではないか」と疑ってしまうかもしれません。メッセージとして一番伝わりやすいのは、内容とそれを伝える際の表情がマッチしていることです。

## 4. ジェスチャー

　ジェスチャーには、「聴衆の理解を助ける」と「話し手の意思や感情を表現する」という2つの目的があります。

　理解を助けるためのジェスチャーの例として「大きい、小さい」のようなサイズを示すものがあります。

このジェスチャーでは聴衆が大きさをイメージしやすいようなジェスチャーをします。

　特に「小さい」を表すジェスチャーでは、注意が必要です。ちょっと「マッチ箱のように小さい」と言いながら、ジェスチャーをしてみてください。

　プレゼンターである自分から見えるようにジェスチャーをしていませんか？ 両手で表す場合も、片手で表す場合も、自分だけが見ていませんか？ 聴衆からそのジェスチャーは見えますか？

　ほとんどの人が自分だけで見るようなジェスチャーをしてしまいます。ジェスチャーはあくまでも聴衆に見せなくては効果がありません。

　比較をする場合は手を使います。「AとB」がある場合、「Aは…」と言いながら右手を顔の高さぐらいまで上げて、手のひらを聴衆のほうに見せます。

「Bは…」とBの説明に移る時は、右手を下げながら左手を顔の高さまで上げて、手のひらを聴衆のほうに見せます。

　コツは右手を先にすること。右を下げながら左を上げ、両方同時には上げないことです。

　なぜ右から上げるかというと、スクリーンの文字などは向かって左から右に向かって表示されま

す。したがって、聴衆から見た左（つまり、プレゼンターの右）の手を先に上げたほうが見ていてわかりやすいのです。

　同時に上げないのは、両手を上げていると手を上げる動作を見落とした人は、どちらの話をしているのかがわからないからです。

　時間についても過去のことを話す場合は右手、現在は両手で正面、未来は左手を使います。

　これも、スクリーンのグラフなどの時間軸は左側（プレゼンターの右）が過去で、右側（プレゼンターの左）が未来になるからです。

　場所の比較をする場合、聴衆は地図を思い浮かべます。

　ここが東京なら大阪はスクリーンの左側（プレゼンターの右側）が西になりますから、右手を使います。

　ここが大阪なら、東京を表す時は逆に左手を使います。ジェスチャーは、聴衆の理解の助けとなるように『常に聴衆からどのように見えているか』を意識します。

　話し手の意思や感情を表現するためのジェスチャーはプレゼンターの気持ちの表れです。一番多いのは強調のジェスチャーでしょう。

結論から言うと、もっともよいとされる強調のジェスチャーは、両手をパーにして手のひらと手のひらが向かい合うようにして顔の前から肩の高さ程度まで振り下ろすしぐさです。

　顔の前に大きなバスケットのかごを抱えているような形なので「バスケットスタイル」と呼ばれているジェスチャーです。これは強調以外の意味を持たないそうです。大統領の演説などを見ているとよくこのジェスチャーをしています。

### 5. アイコンタクト

　アイコンタクトとは、相手の目を見る、視線を合わせることです。日本人は相手の目を見て話すのが苦手な人が多いようです。一方、欧米ではアイコンタクトは大切な意味を持ちます。

　例えば、アイコンタクトをしないであなたに話しかけている人がいたとしましょう。どのような印象になるでしょうか？

- 都合が悪いことを話している
- 嘘をついている
- 隠しごとがある

など、ネガティブな印象になるのではないでしょ

うか。つまり、アイコンタクトは、誠実さ、オープンさという意味を持つのです。

スクリーンを見ながら話し続けたり、手元の資料を見ながら話し続けるのではなく、あくまでも聴衆に向かって話すことが重要です。

もっと言えば、アイコンタクトされている人が「私に話してくれている」と思うようにアイコンタクトをしましょう。そして、可能な限りまんべんなく聴衆全部を見るように意識します。無意識ですと、死角の聴衆とは視線を合わせないことになってしまうからです。

アイコンタクトを一切もらえない聴衆は疎外感を感じたり、「自分は軽視されている」と感じたりします。これが聴衆全部を見る必要性がある理由です。

ホールのような大きな会場で、舞台の上でプレゼンするような場合は、客席を3×3の9個のマス目に区切り、視線をブロックごとにZ字のように動かしていくと、死角を作らないですみます。常に、『あなたに話しています！』というアイコンタクトを意識してみてください。

## ボーカル (vocal)

ボーカルで大切なポイントは４つです。

1. 声の大きさ　　2. 速さ（テンポ）
3. 抑揚　　　　　4. 間

### 1. 声の大きさ

声の大きさはボーカルで一番重要な要素です。なぜなら、声が小さくて届かなくては、どんなに素晴らしい内容でも相手に伝わらないからです。

仮に聴衆が「聴きとりづらいなぁ」と思ったとしても、決して言うことはないでしょう。「聴こえないなら仕方ない…」と聴くのを諦めてしまいます。

### 2. 速さ

速さ（テンポ）については、比較的テンポよいスピードが好まれるかもしれません。聴きとれないほどの早口では困りますが、ゆっくり過ぎるよりは聴きやすいでしょう。上級者になれば、場面と内容に応じてスピードにも変化をつけることがあります。

## 3. 抑揚

　よく「メリハリをつけろ」とフィードバックされることがあります。しかし言われたほうは「具体的にどうすればいいの？」と何をすればいいのかわからないということがあるでしょう。

　そもそも「メリハリ」とは何でしょうか？「メリ」と「ハリ」とは、邦楽の用語で、「メリ」が低音、「ハリ」が高音をさします。つまり、メリハリとは「高低」などの変化があるという意味で、一本調子ではないということです。「高低」以外には「強弱」「大小」「速い遅い」など、声の調子に変化をつけることです。

　これも内容にあった抑揚をつけることが伝わりやすさのポイントになります。

## 4. 間

「間」はとても大切です。適度な間は、伝える効果を上げることができるからです。「間」をとるとは、別の表現で言うと黙ることです。「間をとろう」と思っても、ついつい続けて話してしまったりすることがないでしょうか。

　そこで、「意識して黙る」ぐらいでちょうどよ

いかもしれません。

　プレゼンでは必ず「間」をとったほうがよい場面があります。

●**質問を投げかけた後**
●**場面や話の変わり目**

　質問を投げかけた後は、必ず「間」をあけましょう。「〜は何でしょう？」「これは〜ですね」と、続けて話してしまうと、聴衆は全く質問されている気がしません。

　それどころかプレゼンターに対して「この人は自分が話したいだけで、聴衆のことは考えていないな」と思われかねません。質問をしたら、相手が考える、思い描く時間を与えるために、間をとります。

　場面転換の時や話題が変わる時も、「間」を入れます。

　続けて話されてしまうと、聴いているほうが場面、話題の転換に気づかない可能性があります。聴衆に伝わりやすくするために適度な「間」を入れることを心がけてみてください。

## バーバル（verbal）

　バーバルとは、どのような言葉を使うかということです。プレゼンで話す時に、伝わりやすくするための工夫が何点かあります。

　その中で最も有効なのが、短文で話すということです。

　どんなに論理的で説得力のある内容でも、話す文章が長いだけで、相手には伝わらなくなります。

　聴き手は頭の中のワーキングメモリーに話を溜めていくのですが、そのメモリーをオーバーするほどの長い文章を話されたら、聴くことを諦めてしまいます。

　特に日本語は述語が最後に来ますから、文章は短ければ短いほど、伝達度は上がります。

　イメージとしては小学校1年生の作文のように、短い文章のほうが口頭によるコミュニケーションの場合は伝達力が高いのです。あえて短文で話すことをおすすめします。

　次に、ちゃんと言葉にすることです。例えば、スクリーンに一番伝えたいメッセージが、アニメーション効果を使って「ジャーン！」と出てき

たとします。この時につい「これです！」としか言わずに、大切なメッセージを音にしないで済ませてしまう場面に出くわすことがあります。これも効果という点では避けたいやり方です。

　人がメッセージを受けとる場合、得意とする情報の受けとめ方があります。視覚タイプは目から入った情報が、聴覚タイプは耳から入った情報が、体感タイプはやってみた情報が、頭脳タイプは論理的な情報が受けとりやすい情報なのです。「ジャーン！」と表示されていても、聴覚タイプの人には響きません。あるいは表示される瞬間、下を向いている人もいるかもしれません。一番伝えたいメッセージは必ず、声に出して音にして下さい。

　また、「これ」「あれ」「それ」といった指示代名詞を多用する方もいます。口頭で話す場合は指示代名詞はできるだけ少なめにして、大事なことは音にするように心がけてください。

　ここまで、伝え方（デリバリー）について見てきましたが、デリバリーについては、どうしても訓練が必要です。

　頭でわかっていても、なかなかできないもので

すが、プレゼンはたくさん練習すれば、間違いなく上手になります。

多くの企業でプレゼン研修を担当させてもらっていると、どの企業にも名プレゼンターと呼ばれる人がいます。これらの方々にお話しを聴くと、みなさん同じような答えが返ってきます。

**私** ： ○○さん、プレゼンが上手だと評判ですね！

**相手** ： いえ違うんですよ。皆練習しなさすぎなんです。
例えば、私が明日の午後、1時間のプレゼンをしなければならないとします。
そうしたら今日の午後から、明日の午前中まで、会議室を借りてずーっと練習しているんです。
それからプレゼンに臨んでいます。他の人はそこまで練習しないんですよ。

とおっしゃいます。

その企業で、最もプレゼンがうまいと言われている人が、一番練習してからプレゼンに臨んでいるのですから、他の人がかなうわけがありません。

何に注意を払えばよいのかという意識を持って練習すれば間違いなく上達します。みなさんも是非、練習してプレゼンに臨んでください。

## プレゼンターの情熱は十分か？

　ここまでのさまざまな伝え方は、「聴き手の負担を軽減する」伝え方の数々を含んでいます。これによって、伝えたい情報が相手に伝わる確率は確実に上がります。

　しかし、伝わった内容が非論理的では、相手を説得することはできません。伝わったうえで内容がとても重要になります。目的を達成するために相手にとって十分な理由づけがなされているかどうかです。

　実際にプレゼンをする際は、伝え方、内容以上に効果をもたらすポイントがあります。

　それは「情熱（覚悟）」です。

　あなたがそのプレゼンを通じて、どれだけ相手に伝えたいと思っているかというその熱意、覚悟は相手に伝わるものです。

　相手と目的を意識して、聴き手の負担を軽くしながら、覚悟を持って、論理的にプレゼンをしてみて下さい。

　そうすればプレゼンを通じて、あなたが望む成果を手にすることができるでしょう。

第5章

事例

## 事例で学ぶロジカルなプレゼン

　本書をここまで読んでこられたみなさんは、「聴く」「考える」「伝える」で、さまざまなツールを使いながら解決策、提案、主張を導く方法を身につけてきたと思います。

「聴く」では、フィンランドカルタによるメモと情報整理、アイデア出し。

「考える」では、モレ、ダブりなくロジカルに検討するため、2種類のロジックツリーによる検討法。問題解決にはwhyツリー、課題達成にはso howツリーを使っての検討。

　さらに、出てきた提案や主張をロジカルに決める2軸プロット法とAHP法。

「伝える」では、最終的に決まった提案を、ロジカルなストーリーにする「ロジカルチェックリスト」への記入。

　さらには「ダイヤモンドモデル」や「共感から入って納得に落とす説得の4ステップ」を使ったストーリー構成。伝え方、話し方の注意を踏まえて、いよいよプレゼンスライドを使った本番に臨むことになります。

ここからは、事例の中の「あなた」になったつもりで、問題解決や課題達成の方法を考えてプレゼンまで持っていくこと。そして、相手を納得させ、意思決定や承認を勝ちとるまでを体験しながら理解していただきたいと思います。

　事例の内容と状況設定は本書で扱う「相手と目的からみたプレゼンの全体像」(→ p.032～033) に基づいて、プレゼンの相手と目的をレベルごとに分けて紹介しています。

　本書では内容がロジカルであることをわかりやすく示すために、スライドサンプルは、デザイン的なビジュアル要素を極力排して文字要素のみとしています。

　これにより、プレゼンストーリーの骨子がわかりやすく追えるようになっています。

　そのため、実際のプレゼンで使用するスライドとは少し異なることを理解したうえで読み進めて下さい。

　本来であれば、グラフやアニメーションエフェクトなど、ビジュアル面での工夫も必要ですが、プレゼンのストーリーを追いやすくするための配慮と考えて下さい。

## 事例内容

### ■レベル A

主にチーム内でのプレゼンを想定。与件は上司またはチームリーダーからの現状改善提案。プレゼン時間は質疑応答を交えながらで 15 〜 30 分程度。

**事例 1　①問題解決型**

　**与件提示・決裁者**：提案者判断→社内リーダークラス・所属部長、関係部長

　**事例内容**：コピー機のメンテナンスで、顧客からのクレームと早期対応。

**事例 2　②課題達成型**

　**与件提示・決裁者**：社内リーダー、課長クラス

　**事例内容**：クリスマス期のキャンペーンで、今年は、対前年比 150% を達成したい。目標をどう超えるか。

### ■レベル B

社内ミドルクラス（部長、本部長など）からの与件提示。自身が課長もしくは、チームとしてとり組む案件。プレゼン時間は 15 〜 30 分程度。

**事例 3　①問題解決型**

　**与件提示・決裁者**：部長、本部長クラス

**事例内容**：代理店販売の効率が下がってきたため、代理店を整理するか、代理店マージンを下げるかの判断。

### 事例4　②課題達成型

**与件提示・決裁者**：提案自主判断→部長、本部長クラス

**事例内容**：年間60億円規模のプロモーション予算から2Qに30億円を集中投下したい理由と効果について。

## ■レベルC

主に経営層へのプレゼン案件。スライドや内容は判断素材のみでシンプルなもの。プレゼン時間は10分程度。ハンドアウトとしての資料を添付する。

### 事例5　①問題解決型

**与件提示・決裁者**：役員会レベル

**事例内容**：東日本大震災の結果、取手の自社物流拠点が大きくダメージを受けた。1つだった物流拠点を、2か所に置くための拠点整備計画の承認。

### 事例6　②課題達成型

**与件提示・決裁者**：部長、役員会レベル

**事例内容**：社業の本流とは関係ない新規事業提案の例。遺伝子検査事業への参入提案を考える。

■**事例1　聴く**（レベルA・問題解決）

　コピー機器メーカーの営業担当者であるあなたのところに、半年前、新規に契約して納品したばかりの顧客から電話がかかってきました。

---

**顧　客**：あ〜、営業のAさんですか。ちょっと困っててねぇ。おたくのコピー、メンテナンスひどいね。今日なんか故障して修理を依頼してから使えるようになるまで3時間もかかっちゃったよ。
こんなんだったら前のメーカーのほうがましだったよ。

**あなた**：申し訳ございません。メンテナンス部門は別になりますが、何点か確認させていただいてもよろしいですか？

**顧　客**：手短にね。

**あなた**：3時間もかかってしまったということで、大変ご不便をおかけして申し訳ございませんでした。ところでご連絡いただいてから保守員の到着まではどれぐらいの時間がかかりましたか？

**顧　客**：連絡がついてからはものの20分で来たよ。

**あなた**：修理に時間がかかったのでしょうか？

**顧　客**：いやいや、修理自体はせいぜい 30 分だったよ。そうじゃなくて、全然、電話がつながらないんだよ。
コピー機に貼ってあるメンテナンス先のＸＹサービスって会社…と言ってもこれは別会社だろ、業務委託してるんだよね。まぁいくら電話しても話し中だし、仕方ないからファックスも送ろうとしたけど、話し中でも時間を空けて 3 回は送信トライする機械なのに、結局は話し中送信エラーでちっとも送れないし。
朝 10 時から電話し始めて、つながったのはお昼直前だよ。あまりにもつながらなさすぎだよね。

**あなた**：それは大変恐れ入ります。今までもなかなかつながらなかったのでしょうか？

**顧　客**：まあクリーニングなんかで保守サービスを呼んだのは 3 回目だけど、電話が 1 回でつながったことなんかないよ。毎回 30 分以上かかってるよ。
どれだけ時間をロスしているか、ちょっとは考えてほしいよ。

**あなた**：状況がよくわかりました。大変申し訳ございませんでした。こちらからもメンテナンス部門には申し伝えておきます。
また、こちらの営業部門としても改善策について早急に検討させていただきたいと思います。

まず、「コピーが使えるようになるまでに3時間もかかった」ことに顧客は怒っています。「これなら前のメーカーの方がまし」という言葉が出てくるほど大きな不満を持っています。

　いろいろな現象に対する不満を一度にぶつけられるととまどってしまいますが、解決すべき問題が何なのかを確認する必要があります。

　時間に関する確認部分は下のようなものがありました。

●連絡がとれるまでの時間
●連絡してから保守員が到着するまでの時間
●修理そのものにかかった時間

　トラブル対応の場合、何が顧客にとって重大な問題なのかを把握していくことが第一です。

　もし重大な問題に原因があるのに、とるに足らない簡単な部分から質問していったのでは、顧客をますます怒らせることになります。

「そんな問題じゃなくて、もっと重大な問題があるんだよ！」という気持ちになるのが当然です。何に不満、怒りを持っているのかを聴くと同時に、すぐにできることから解決していくのが先です。

事例1　フィンランドカルタを使ったメモの例

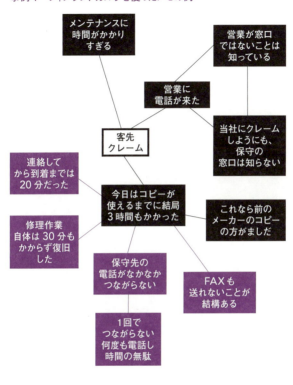

■**事例1　考える**

ではここから、事例1「考える」のプロセスに入ります。

この事例ではまず、『メンテナンスに時間がかかりすぎる』を問題ととらえ、原因を why ツリーで探求して解決策の提案を考えていきます。

時間がかかりすぎる理由は、顧客から保守業者に対してすぐに連絡がとれないためです。ここから why で掘り下げていきましょう。

事例1　why ツリー

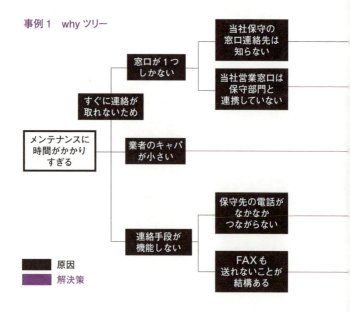

この原因は大きく分けて考えると、窓口が1つしかない、業者のキャパが小さい、連絡手段が機能しない、の3つがあります。

窓口が1つしかないということについて掘り下げていきましょう。

まず顧客が、当社保守部門の窓口連絡先を知らないために、保守業者につながらなかった場合があります。

これは現状、当社保守部門経由で保守業者に連

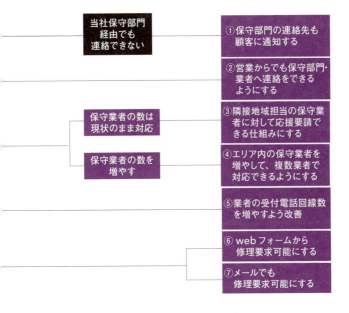

絡できないからです。

　そこで考え得る解決策として［①保守部門の連絡先も顧客に通知する］ことで、顧客から受けた修理依頼を、当社保守部門から外注先の保守業者へ連絡できるようにします。

　さらに、当社営業窓口は保守部門と連携していないことが考えられます。

　それに対しては、［②営業からでも保守部門・業者へ連絡をできるようにする］という解決策が考えられます。これらの方策によって、客先から見た窓口が複数化します。

　次に、業者のキャパが小さいのは、保守員の数や需要に対応できるだけの体制が整っていないことが考えられます。

　そこで、保守業者の数は現状のまま対応するか、保守業者の数を増やすことになります。

　保守業者の数を現状のまま対応する場合は、修理依頼が集中して一時的な保守員不足が発生した場合、［③隣接地域担当の保守業者に対して応援要請できる仕組みにする］という解決策が考えられます。

　保守業者の数を増やすことにする場合は、［④エリア内の保守業者を増やして、複数業者で対応

できるようにする]という解決策になります。

さらに、連絡手段が機能しないのは、保守先の電話がなかなかつながらないこと、FAXも送れないことが結構あるためでした。

これに対しては[⑤業者の受付電話回線数を増やすよう改善させる]という解決策や[⑥webフォームから修理要求可能にする]や[⑦メールでも修理要求可能にする]といった解決策が考えられます。

クレーム対応の場合、即座にできることを優先して行う必要があります。

この事例では①②⑦などをすぐにも実施できることとして提案します。

■ 事例1　伝える

事例1「伝える」のプロセスに入ります。

提案内容を決定したら、プレゼン全体のストーリー（流れ）をロジカルにするため「ロジカルチェックリスト」に各項目の内容を書き出してストーリーを作ります。

ロジカルチェックリスト

| | | |
|---|---|---|
| 1. 誰に？ | 相手 | 社内　チームリーダー<br>保守担当部長・<br>営業部長 |
| 2. 何を引き起こす？ | ゴール | 顧客に対する<br>保守サービスの改善提案を<br>承認してもらう |
| 3. それはなぜ？ | 目的 | 顧客クレームの<br>原因となっている<br>問題を解決する |
| 4. 主張 | 主張 | 問題の提示と共感<br><br>・クレーム事例紹介<br><br>・ユーザークレームの原因は、当社の保守サービスの仕組みにある<br><br>・これを改善しないと販売に悪影響の恐れ |

| | | |
|---|---|---|
| 5. 客観的理由 | 理由<br>+裏づけ | 原因1<br>窓口が1つしかない<br>→解決策① 保守部門の連絡先も顧客に通知する<br><br>→解決策② 営業からでも保守部門・業者へ連絡できるように<br><br>原因2<br>業者のキャパが小さい<br>→解決策③ 隣接地域担当の保守業者に応援要請できる仕組みにする<br><br>→解決策④ エリア内の保守業者を増やして、複数業者で対応できるようにする<br><br>原因3<br>連絡手段が機能しない<br>→解決策⑤ 業者の受付電話回線数を増やすよう改善<br><br>→解決策⑥ webフォームから修理要求可能とする<br><br>→解決策⑦ メールでも修理要求可能にする |
| 6. 具体的行動 | 行動 | 保守部門においては、上記解決案①~⑦について承認し、実行に移す。<br><br>特に①②⑦はすぐにでも実行に移す。<br><br>営業部門においては解決策②について承認し、実行に移す。 |

○○会議資料

# 保守サービスの改善提案

東京営業本部第一営業部
上田　禎

20○○年○月○日

---

## クレーム事例

メンテナンスに時間がかかりすぎる！

保守担当業者に連絡がつかない！

電話がつながるのに2時間以上かかる！

リプレースされかねない！

---

## 問題の原因

メンテナンスに時間がかかりすぎる！

## 理由と対策

A. ユーザーからの窓口が１つしかない
B. 業者の対応キャパシティが小さい
C. 連絡手段（電話）が機能していない

**スライド1（表紙）「保守サービスの改善提案」**

このスライドを表示した状態で、手短に以下を話します。
・開始の挨拶、時間をとってくれたことに対するお礼
・自己紹介（不要な場合は省略）
・オープニング（なぜ、この話を聴く必要があるのか？）
・最終的にどうしてほしいのか
　（例：「ご承認いただきたいと思っています」など）

---

**スライド2「クレーム事例」**

問題点の提示です。クレーム事例を通して何が問題か、どの程度問題かなどを共感してもらえるように話します。

できごと／相手の言葉／相手がそう言った理由／当社にとっての問題点・懸念すべき点などを具体的に。

---

**スライド3「問題の原因」**

問題の本質（イシュー）は何か、その原因のポイントだけを伝えます。

問題の原因／理由3つ A,B,C

## 理由Aと対策　窓口が1つ

対策①　ユーザーに当社保守担当窓口の
　　　　連絡先通知

対策②　当社営業から保守本部経由で
　　　　保守業者への連絡可能に

### 窓口を複数化・ワンコールで対応可能に

4

## 理由Bと対策　業者のキャパ小

対策③　隣接地域担当のメンテナンス業者に
　　　　対して、直接応援要請可能に

対策④　エリア内の保守業者を増やして、
　　　　複数業者で対応できるように

### 業者の対応範囲をフレキシブルに

5

## 理由Cと対策　連絡手段が機能しない

対策⑤　担当業者に受付電話回線増設要請

対策⑥　webから修理受付可能に

対策⑦　担当業者へメールで修理受付可能に

### 受付ルートをweb、メールでも可能に

6

**スライド4「理由Aと対策　窓口が1つ」**

理由Aの詳細と、考えられる対策について話します。聴き手が対策案を聴いて、「なるほど、そうすればこの原因は解決できるな」と思えるように伝えます。

問題が生じている具体的な理由Aに対する、対策①、②を述べます。

---

**スライド5「理由Bと対策　業者のキャパ小」**

具体的な理由B ／対策③、対策④

---

**スライド6「理由Cと対策　連絡手段が機能しない」**

具体的な理由C ／対策⑤、対策⑥、対策⑦

### 依頼事項

①ユーザーに当社保守担当部門の連絡先公開
②当社営業→保守本部→保守業者への連絡可
③隣接地域業者→直接応援要請できるように
④エリア内の保守業者増。複数業者で対応
⑤当社保守本部→担当業者に対して受付電話
　回線数を増設するように要請
⑥webから修理受付
⑦メールから修理受付

---

顧客満足度を高め

他社へのリプレースを防ぐため

ご承認お願いします

**スライド7「依頼事項」**
対策①〜⑦について承認を得たい旨の説明。
・対策案①〜⑦をもう一度言う
・色文字は今すぐにやることを承認してほしい旨、伝える。
・基本的には保守本部に対する承認依頼であるが、②については営業本部も対応しなくてはいけないことなので、その旨を聴き手である営業部長に言う。

---

**スライド8「まとめ」**
このスライドではもう一度「何が問題か」をリマインドしてもらい、再度とってほしい行動を伝える。
・問題
・依頼事項

■**事例2　聴く**（レベルA・課題達成）

　あなたは全国に数十店舗を展開する洋菓子メーカーに勤めています。

　それまでは贈答品のマーケティングを担当していましたが、4月から店頭販売用ケーキのマーケティングチームに、リーダーとして異動を命じられます。8月に入ったところで早くもクリスマス商戦の準備にとりかかることになりました。課長からは「昨年の売上50％増で行きたいところだねぇ！　ちょっとプランを考えてみてくれる」と言われたところです。

　あなたは昨年のクリスマス商戦の様子がわからないので、すでに経験しているチームメンバーを集めてヒアリングする会議を持ちました。

---

**あ な た**：クリスマス商戦について、前年比150％の目標を設定されました。
　　　　　　かなり思い切った策を打たなければと考えていますが、昨年はどんなことをやったのか教えてもらえますか？

**メンバー**：わかりました。

**あ な た**：昨年、メインターゲットは決めていたん

でしょうか？

メンバー：昨年はファミリー層をターゲットにしよう！っていう話でした。
コストを下げることに加えて、客単価を上げるために、中型から大型のクリスマスケーキを作りましたね。

あ な た：なるほど。価格はどうでしたか？

メンバー：当日価格は値引きなし。予約してくれた人には10％の特別割引にしました。

あ な た：予約はいつから始めたんですか？ その時の顧客情報は残っているんでしょうか？

メンバー：予約は1か月前の11月第4週から受付開始でした。顧客リストはありますよ。

あ な た：予約したケーキの引き渡しは店頭のみでしょうか？

メンバー：そうです。店頭引き換えのみです

あ な た：予約の告知はどうやったんですか？

メンバー：店舗販売はエリアビジネスですから、店頭のカンバン、ポスターと、エリアの新聞折り込みチラシですね

あ な た：よくわかったわ、ありがとうございます。

このやりとりの内容をフィンランドカルタを使ってまとめてみたのが、次ページの図です。
　このような「目標達成」の事例では、与えられたゴールが明確なので、何が求められているかは把握しやすいと言えます。
　ここで課題となるのは「どう実現するか」を考えることです。
　この事例の場合、次の「考える」ステップの方向性を整理しながら話を聴いていければ、アイデア出しの方向性を描けると思います。
　モレ、ダブリなく考えるためにマーケティングのフレームワークを使う方法があることを思い出せば、「何について考えていくか」の整理ができるはずです。
　まず、製品（Product）、価格（Price）、流通（Place）、販促（Promotion）の4Pについて考えていくという方向で、課題の達成を実現してみようというところまでメモができればいいのではないでしょうか。

**事例2　フィンランドカルタを使ったメモの例**

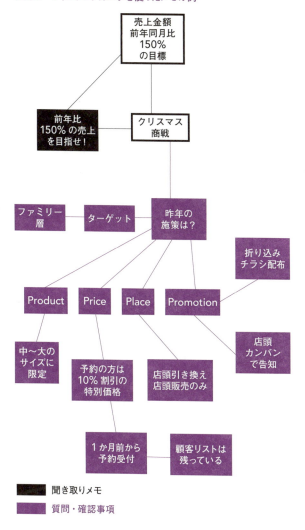

■**事例2　考える**

　事例2「考える」のプロセスに入ります。

　まず、『クリスマス商戦で売上金額前年同月比150％の目標を達成するには』を課題として、今後の施策をマーケティング戦略の4Pを使って考えることにします。

　ターゲットについては昨年の、ファミリー層のみから単身者も対象に広げて考えます。

　これは、一人用ということだけでなく、カップルや友達などとパーティーをする時にも楽しんでもらえる商品を想定しています。

　Product（製品戦略）として、昨年はファミリー層向けのサイズ中〜大のみでした。

　今年はそれに加え［予約専用プレミアム冷凍ケーキ］を作ります。これにより、ケーキ作りの作業ピークを分散できるので、受注数の増大が見込めます。

　ファミリー向けには、プレミアム感を強調するために、有名パティシエ監修のケーキや人気アニメキャラクターとコラボしたキャラクターケーキも考えましたが、試算したところライセンス料が思いのほか高くつき、コストが高すぎて実現が難しいと判断しました。

事例2 so how ツリー

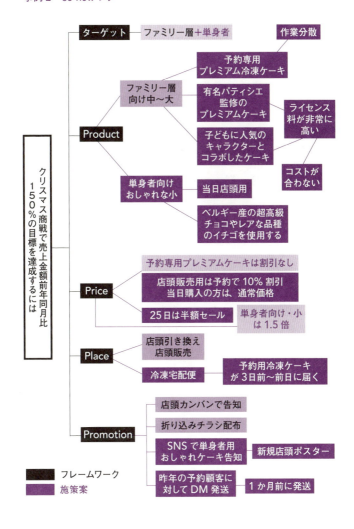

第5章／事例／153

そのため、店頭販売用には、昨年と同じ商品でいくことにします。

その代わり今年は新たに、「単身者向けのおしゃれな食べきりサイズ小」を当日用に作ります。

冬休み中の学生さんや、仕事帰りに立ち寄って、ちょっとおしゃれなケーキでクリスマスを楽しむ単身者を狙った商品です。

この新商品は、話題性・希少感・プレミアム性を高めるために、高級ベルギー産チョコレートの使用や、希少品種の珍しいイチゴを使うことも検討します。

Price（価格戦略）としては、予約専用プレミアム冷凍ケーキは割引なしで注文を受けます。

当日店頭渡しの中〜大サイズは、予約だと10%割引の特典で他店との価格差別化をはかります。当日店頭での割引はありませんが、これによって早めの注文につなげます。

単身者向け商品は、高級食材を使ったことから、通常商品の1.5倍程度の価格設定をしています。

店頭商品はクリスマスイブの翌日25日には朝から50%オフの半額セールを展開します

Place（流通経路）としては、店頭引き換え、店頭販売は例年と変わらず行います。

今年は単身者向け商品の投入を計画しているため、店頭商品の種類は増えますが、宅配分の商品は店頭とはルートが違うので、店頭販売のアルバイト人員などは、若干増やす程度で済むのではないかと考えました。

　今年から投入する予約専用プレミアム冷凍ケーキは冷凍宅配便を使って、3日前～前日にはお届けします。これにより店頭販売以外のチャネルを持つことができ、注文数も多く受けられるようにしています。

　Promotion（販売促進）としては、ファミリー層を狙っての店頭でのカンバン告知や新聞の折り込みチラシは例年と変わらず行います。

　ただし、単身者向けおしゃれな小ケーキのポスターは追加します。単身者をターゲットとした、SNSによる告知も1か月前から行っていきます。

　同時に、前年度の顧客資料から、1か月前に予約キャンペーンのDMを送ります。これらの施策を通して150％達成を狙うプランとしました。

## ■事例2 伝える

事例2「伝える」のプロセスに入ります。

提案内容を決定したら、プレゼン全体のストーリー（流れ）をロジカルにするため「ロジカルチェックリスト」に各項目の内容を書き出してストーリーを作ります。

**ロジカルチェックリスト**

| | | |
|---|---|---|
| 1. 誰に？ | 相手 | 社内　課長を含むチームメンバー |
| 2. 何を引き起こす？ | ゴール | マーケティングプランの理解と承認 |
| 3. それはなぜ？ | 目的 | 課長から依頼された目標達成のため |
| 4. 主張 | 主張 | ターゲットをファミリー層だけでなく単身者にも拡大 |
| | | 冷凍ケーキの導入により製造時期を分散 大量製造可能 |
| | | マーケティング戦略4Pについて施策を提示 |

| | | |
|---|---|---|
| 5. 客観的理由 | 理由+裏づけ | ターゲット：ファミリー層＋単身者<br><br>Product：<br>ファミリー層向けはプレミアム冷凍ケーキで、製造時期を分散（技術・実績はあり）<br><br>単身者向けおしゃれな小ケーキも製造（店舗販売でも伸びている）<br><br>Price：<br>予約は 10% オフ。当日は定価販売。25 日は半額<br><br>Place：<br>従来の店頭引き換え、店頭販売に加え、冷凍宅配も<br><br>Promotion：<br>従来の店頭告知、折り込みチラシに加え、単身者向けに店頭ポスター、SNS で告知。昨年の予約顧客には 1 か月前に DM 発送 |
| 6. 具体的行動 | 行動 | 上記、プランの承認と、費用に対する承認<br><br>承認がもらえれば、チームは具体的行動に移る |

○○会議資料

# 今年度クリスマス商戦戦略案

店頭販売マーケティングチーム

上田　禎子

20○○年○月○日

1

---

## 昨年の実績と今年度の目標

昨年度クリスマス商戦の実績
○○個　○○○円
ターゲット：ファミリー層
予約販売（10％オフ）、店頭引き換え
当日値引きなし

**目標昨年度対比 150％**
**ターゲット・商品を広げる戦略**

2

---

## ターゲット・商品

ターゲット　…ファミリー層に加え、
**今年度は単身者向けにも広げる**

商品　…店頭販売に加え、
**今年度は予約・宅配サービスの**
**専用商品を作る**

3

**スライド1（表紙）「今年度クリスマス商戦戦略案」**

このスライドを表示した状態で、手短に以下を話します。

・開始の挨拶、時間をとってくれたことに対するお礼
・自己紹介（不要な場合は省略）
・オープニング（なぜ、この話を聴く必要があるのか？）
・最終的にどうしてほしいのか
　（例：「ご承認いただきたいと思っています」など）

---

**スライド2「昨年の実績と今年度の目標」**

昨年度の実績、ターゲット、施策を簡潔に述べるとともに、今年度の目標を述べます。

・昨年度クリスマス商戦の実績
・昨年度の施策
・今年度の目標と戦略

---

**スライド3「ターゲット・商品」**

ターゲットをどこに拡大するか、さらに商品構成をどう変えるかを伝えます。

・昨年度はファミリー層のみから今年度は単身者も
・今年は予約宅配専用商品を設定し、店頭以外の販売チャネルで売上アップを狙う

## マーケティング戦略(4P)

Product(製品)戦略

Price(価格)戦略

Place(流通)戦略

Promotion(広告・販売促進)戦略

## Product(製品)戦略

| ①ファミリー向け<br>プレミアム冷凍ケーキ<br>中〜大 | 宅配用冷凍ケーキ |
|---|---|
| ②ファミリー向け<br>当日店頭販売ケーキ<br>中〜大 | 店頭販売のみ<br>(例年商品) |
| ③単身者用<br>おしゃれケーキ<br>小 | 高級素材を使った<br>食べきりサイズ |

## Price(価格)戦略

| ①ファミリー向け<br>プレミアム冷凍ケーキ<br>中〜大 | 割引なし<br>予約専用 |
|---|---|
| ②ファミリー向け<br>当日店頭販売ケーキ<br>中〜大 | 予約は10%オフ<br>当日店頭は割引なし<br>25日は50%オフ |
| ③単身者用<br>おしゃれケーキ<br>小 | 価格は1.5倍程度<br>プレミアム商品 |

### スライド4「マーケティング戦略(4P)」

4Pが何かだけを伝えます。これから話す詳細の予告です。

・Product（製品）戦略

・Price（価格）戦略

・Place（流通）戦略

・Promotion（広告・販売促進）戦略

---

### スライド5「Product（製品）戦略」

ターゲット別の商品構成を伝えます。

ファミリー層向け…　今年はプレミアム感ある冷凍保存可のケーキを予約専用商品として投入する。製造時期をずらせるため受注数増大を狙う。店頭販売購入ファミリー層対象には昨年の中〜大を製造販売。

単身者向け…　一人で食べきるサイズ（小）。おしゃれで高級な素材を使用。当日販売に絞る。

---

### スライド6「Price（価格）戦略」

商品ごとの価格戦略を伝えます。

①割引なし（予約専用）

②予約価格は10％オフとし、予約販売で競合との価格的差別化。翌25日には50％オフ

③通常ケーキの1.5倍程度の価格設定

Place（流通）戦略

| ①ファミリー向け<br>プレミアム冷凍ケーキ<br>中～大 | 予約のみ<br>3日～前日宅配 |
|---|---|
| ②ファミリー向け<br>当日店頭販売ケーキ<br>中～大 | 予約・店頭販売<br>（例年商品） |
| ③単身者用<br>おしゃれケーキ<br>小 | 数量限定<br>店頭販売のみ |

Promotion（広告・販売促進）戦略

| ①ファミリー向け<br>プレミアム冷凍ケーキ<br>中～大 | DM、店頭カンバン<br>4回折込広告チラシ |
|---|---|
| ②ファミリー向け<br>当日店頭販売ケーキ<br>中～大 | 当日店頭カンバン<br>POP設置 |
| ③単身者用<br>おしゃれケーキ<br>小 | SNS1か月前告知<br>前日から重点告知も<br>店頭ポスター |

## 依頼事項

以上のマーケティング戦略案
に対する承認

概算費用（配布資料）の予算承認

### スライド7「Place（流通）戦略」

商品ごとの流通戦略を伝えます。

①は予約専用商品のため3日〜前日までに配送される

②は例年商品で予約・店頭販売とする

③は数量限定のため、24日店頭販売のみ

---

### スライド8「Promotion（広告・販売促進）戦略」

①は昨年度予約顧客名簿にDM発送、予約受付中、店頭カンバンを1か月前から展示、1か月前から金曜日に4回、エリアへの新聞折込広告チラシを実施

②は例年同様当日店頭カンバン、POP設置を行う

③は各種SNS媒体から1か月前より告知、前週からは重点的にエリア告知も行う。店頭ポスターも

---

### スライド9「依頼事項」

何について承認してほしいのかを再度、伝えます。

＊配付資料の例として

・概算費用書、収支予測と販売計画書

・各商品の仕様書と目標販売数、製造計画

・全体のスケジュールなど

> 早速
>
> チームで準備にかかります！
>
> 前年比 150％！
>
> 10

**スライド 10　まとめ**

承認されたらどうするかというアクションと目標を宣言します。

### ■レベルB・C事例

ここからは少し複雑で高度な事例になります。

相手に掘り下げて聴けば、ある程度の情報がもらえる場合は、ヒアリングを続けることで考える素材が増えていくでしょう。

しかし、聴いても相手が言ってくれない場合があります。これは

- 相手が知らない・わからない
- 相手には腹案があるが、試されている
- 相手にも腹案はなく、任されている

というような場合です。

会社の中で、自分自身のポジションが上がってくると仕事の裁量権も大きくなり、自己判断で問題解決や課題達成の提案することが求められるからです。このような場合、コンテクストの共有度が高いか低いかということだけではなく、相手から情報が聴き出しにくい状況もあるでしょう。

そんな時、どうすればうまく提案を考えることができるでしょうか。

ロジカルに聴き、ロジカルに考えるためにどのような方法があるかを事例の中で見ていきます。

■**事例３　聴く**（レベル B・問題解決）

あなたは東京都を担当する営業課長です。関東全域を担当するエリア部長から相談があると呼ばれました。

---

部　長：東京の上期業績を見ると販売代理店経由の売上自体は伸びているが、代理店ごとの売上にはずいぶん格差があるようだね。

あなた：はい、全15社のうち、業績の芳しくない販売代理店が5社ほどございます。

部　長：これは、そろそろ代理店の集約を考えんといかんかなぁ…。それとも手数料を下げるか…。ちょっと検討してみてくれないか？

あなた：はい、それでは何点か確認させてください。まず、販売代理店集約の検討目的ですが、主な狙いは ROI（投資収益率）の改善でしょうか？　実力のある代理店に集中投下することで販売増を狙うという考え方なのか、それとも会社の方針として、今後直販比率を上げる方向に向かうというような背景があるのでしょうか？

部　長：そうだなぁ、まだ直販比率を上げるという決断はできないが、費用がかかっている割に売上の伸び率が鈍化してきているなら、効果的に費用を使う方がいいだろうな。

> **あなた**：改変時期についてですが、「来年度にも」というレベルでしょうか、それとも「数年のうちに」ということでしょうか？
>
> **部　長**：来年度の下期には新製品が投入される予定だ。その意味で来年度からできればありがたいな。
>
> **あなた**：なるほど、契約上は次年度の契約を更新しない場合には3か月の猶予を持って告知することになっておりますので、今からでしたら間に合うかと思います。
> 販売代理店集約の基準ですが、業績のみの査定でよろしいですか？契約継続年数など、長年の付き合いとか、競合他社の製品の取扱高とか、当社の販売施策への協力度合いとかも考慮する必要がありますか？
>
> **部　長**：まぁ、そのあたりも含めて提案してくれるとありがたいな。
>
> **あなた**：承知しました。検討してみます。

　ここでは『業績の上がらない販売代理店をどうするか』を問題ととらえます。

　部長からの話をメモしたのが、次のページの図です。

**事例3　フィンランドカルタを使ったメモの例**

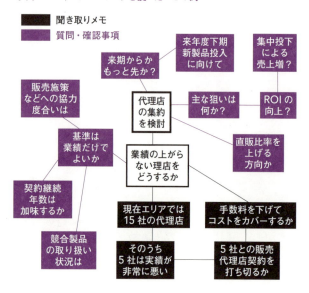

　ヒアリング内容だけでは、具体的な施策や提案を行うには情報が不足しています。

　そこで、提案を考えるために、各代理店の現状と売上を詳細に調べてみることにしました。

　関係各部署や代理店内部の情報に精通した人や取引先にも調査、ヒアリングをして情報を集めることにします。

## ■事例3　考える

　事例3「考える」のプロセスに入ります。

　まず、案件を預かった後、調べるべき情報として、代理店ごとの細かい販売データを入手しました。それをもとにフィンランドカルタを使って、さらに情報を整理し、現状分析を進めることにします。

　まず、販売代理店今期の状況を見ると、売り上げ規模は3つ。大・中・小の3つのグループに分けられることがわかりました。

　売上規模・大は5社です。5社ともエリア内シェアも大きく安定しています。そのうち、3社は成長度もアップ中で、2社は成長度横這いです。このグループについては特に問題はないと考えています。

　続いて、売上規模・中の5社。そのうち3社はエリア内シェアも大で、成長度横這い。2社はエリア内シェア中で成長度アップ中です。この2社は人員・技術力ともにアップ中で、今後の成長が見込まれます。このグループについても問題はないと考えています。

　最後に、売上規模・小の5社。5社ともエリア内シェアは小です。このグループの問題をどうす

事例3　現状についてさらに調査したフィンランドカルタのメモ

[図：販売代理店今期の状況を中心としたフィンランドカルタ]

- 5社エリア内シェア・大
  - 3社成長度↗
  - 2社成長度→
- 5社売上規模大・好調
- 5社売上規模・中 まずまず
  - 3社エリア内シェア・大
    - 3社成長度→
  - 2社エリア内シェア・中
    - 2社成長度↗
    - 2社人員も充実し技術力もアップ
- 販売代理店今期の状況
- 条件のよい競合に一時的に流れている
  - 3社今後の可能性中〜大
  - 3社成長度↘
- 5社売上規模小・不調
- 5社エリア内シェア・小
  - 2社成長度→
  - 2社今後の可能性・小
    - 1社顧客層のアンマッチ
    - 1社事業転換の進行

るかが今回の案件を解くカギになりそうです。

　そこでこのグループの代理店について詳しく調べてみました。そのうちの3社は成長度ダウン中で、2社は成長度横這いです。

　成長度ダウン中の3社ですが、今後の可能性は中〜大と見込まれます。というのも、条件のよい競合に一時的に顧客が流れているだけと思われるからです。

一方、成長度横這いの2社は今後の可能性も小と思われます。

1社はもともと得意とする顧客層が当社製品のターゲットと合っていないという顧客層のアンマッチに原因があることがわかりました。

もう1社は昨年度末から事業の転換を図っていることに加え、他の事業に経営資源を移行してきていることが判明しました。

ここまでの調査結果を一覧にまとめてみると、次のようになります。

| 売上規模 | 成長度 | 理由 |
| --- | --- | --- |
| 大　5社 | 3社↗／2社→ | OK |
| 中　5社 | 3社→／2社↗ | OK |
| 小　5社 | 3社↘／2社→ | ダウンの3社<br>・条件のよい競合に一時的に流れている<br><br>横ばいの2社<br>・ターゲットアンマッチ<br>・他事業へ移行中 |

ここまでの結果を踏まえて、whyツリーで検討していきます。

まず、『販売代理店の費用対効果がよくない』ということを問題とします。この原因は5社が売上規模・小で不調というところにありました。この5社ともエリア内のシェア・小です。

　このうち3社は成長度もダウン中です。しかし、今後の可能性は中〜大と見込まれました。

　販売代理店としての能力はあるものの、条件のよい競合に一時的に流れているということが判明したからです。

　そうだとすると解決策としては、「このまま様子をみて、新製品投入時の条件によって販売復調の可能性にかける」という策にします。

　この3社については今後も投資すれば収益は高まる、費用対効果は高くなる可能性があります。

　成長度・横這いの2社について考えます。そのうちの1社は顧客層のアンマッチに原因があるとわかりました。

　したがって、投資の割に売り上げが伸びてくるとは考えにくい状態です。そこで対策としては「代理店契約終了の方向」で進めていきます。

　残りの1社は、事業転換の進行のためと考えられます。こちらも対策としては「代理店契約終了の方向」で進めることにします。

事例3　why ツリー

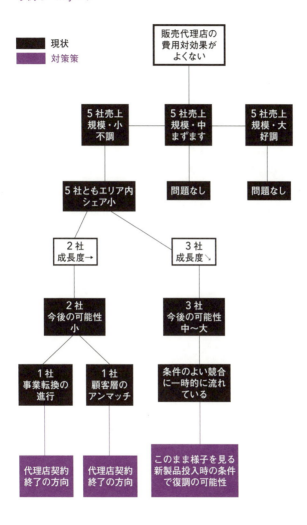

## ■事例3 伝える

事例3「伝える」のプロセスに入ります。

提案内容を決定したら、プレゼン全体のストーリー（流れ）をロジカルにするため「ロジカルチェックリスト」に各項目の内容を書き出してストーリーを作ります。

ロジカルチェックリスト

| | | |
|---|---|---|
| 1. 誰に？ | 相手 | 社内　エリア全域の担当部長 |
| 2. 何を引き起こす？ | ゴール | 代理店の集約に関する提案の承認 |
| 3. それはなぜ？ | 目的 | 部長からの依頼により代理店の費用対効果を高める |
| 4. 主張 | 主張 | 現状分析結果を報告<br>問題となる代理店についての対応案 |

| | | |
|---|---|---|
| 5. 客観的理由 | 理由<br>＋裏づけ | 現状は3種類<br>5社好調<br>5社まずまず<br>5社不調<br><br>不調5社（A,B,C,D,E）のうち、3社は下降気味<br><br>競合に一時的に流れている可能性<br>→（A,B,C）3社はこのまま様子を見る<br>現状維持<br><br>1社（D）は顧客層のアンマッチ<br>（得意とする顧客層とターゲットが合わない）<br>→契約終了の方向<br><br>残る1社（E）は事業転換を図っている<br>今後回復の見込みなし<br>→契約終了の方向 |
| 6. 具体的行動 | 行動 | 上記、プランの承認<br><br>承認がもらえれば、具体的な準備に移る |

○○会議資料

# 代理店の集約に関する提案

東京営業課
上田　禎

20○○年○月○日

---

## 販売代理店集約について提案

3社　A・B・C社
　このまま様子見

2社　D・E社
　販売代理店契約終了の方向で調整

---

## 現状について

売上規模大（好調）5社　　→問題なし
売上規模中（まずまず）5社

売上規模小（不調）5社
A・B・C・D・E
↓
ここが問題

**スライド1（表紙）「代理店の集約に関する提案」**

このスライドを表示した状態で、手短に以下を話します。

・開始の挨拶、時間をとってくれたことに対するお礼
・自己紹介（不要な場合は省略）
・オープニング（なぜ、この話を聴く必要があるのか？）
・最終的にどうしてほしいのか
　（例：「ご承認いただきたいと思っています」など）

---

**スライド2　「販売代理店集約について提案」**

まず、結論の提案内容について話します。

・売上業績不調のうちA,B,C 3社への対応
　→このまま代理店契約を継続する方向
・残るD,E 2社への対応
　→代理店契約を打ち切る方向で調整へ

---

**スライド3「現状について」**

ここでは現状の分析と、そしてどこに問題があるかだけを伝えます。

・現状　…売上好調については5社、まずまずが5社
・問題個所の指摘　…問題となる売上規模不調5社
　→代理店契約の見直しが必要、理由を以下に述べる
＊スライドでは業績の折れ線グラフを提示も。

## 売上規模小 3社について

- ●成長度は低下
- ●競合他社の好条件で、一時的に顧客が流れている可能性大
- ●条件さえ整えば売上が伸びる可能性

A・B・C社については様子見

来年度新製品投入時に好条件提示で回復期待

## 売上規模小 2社について

D社… D社が得意とする顧客層と当社製品のターゲット層が違う

E社… E社は事業転換を図っている最中で他の製品にシフト

2社とも売上が伸びる可能性は見込めない
代理店契約を終了する方向で調整

## 依頼事項

販売代理店集約案の承認

A・B・C 3社にはこのまま様子見

D・E 2社については販売代理店契約終了

**スライド4「売上規模小 3社について」**
問題がある3社についての対応策を示します。
現状…成長度は下がってきている。競合他社の好条件により、一時的に顧客が流れている可能性大
見込み…条件さえ整えば売上が伸びる可能性
対策…A・B・C社についてはこのまま様子見。来年度の新製品投入時に好条件を提示で回復期待

---

**スライド5「売上規模小 2社について」**
問題がある2社についての対応策を示します。
D社…得意とする顧客層と当社製品ターゲット層が違う
E社…事業転換を図っている最中で他の製品にシフト
2社とも売上が伸びる可能性は見込めない
代理店契約を終了する方向で調整

---

**スライド6「依頼事項」**
プレゼン後、とってほしい行動について伝える。

提案内容のまとめ

>
> ご承認いただければ
>
> 準備にかかります！
>
> 7

**スライド7　まとめ**

承認後のアクションについて伝える。

今後の行動内容

---

## ■事例3　ハンドアウト（添付資料）

　この例では代理店契約の見直しという、会社としてはやや大きな判断になる案件なので、しっかりした根拠が必要になります。

　プレゼンのスライドとは別に、調査した代理店業績推移など、主張の根拠になるデータを添付資料などにして配布することが求められます。

　また、スライドには折れ線グラフなどで代理店業績推移を示しつつ、結論の根拠を示すと効果的なプレゼンになるでしょう。ただし、グラフはあくまでも起きている現象や、主張の根拠を理解しやすくするという効果にはなりますが、主張そのものに妥当性がなければ、それだけで説得することはできません。まずは、ロジカルに考えた結果の主張や提案とそれを理解しやすくするストーリーを考えて下さい。

　代理店D、E社との契約解除については、その後、このエリアのシェアをどの代理店に引き継がせるか、顧客との関係をどう維持するかなどについて、シミュレーションしてみた検証結果なども必要になるでしょう。代理店D、E社を失うことに対するリスクも挙げてみて、分析した結果を加えると、なおよいのではないかと思います。

■**事例4　聴く**（レベルB・課題達成）

　あなたは自動車メーカーに務めるマーケティング部門の一チームでマネジャーをしています。

　昨年発表した新ブランドの軽自動車について、昨年度末にマーケティングリサーチをかけてみました。部下に結果報告してもらったところ、この報告をもとに、今期2Q（第2四半期）以降のプロモーション戦略を、事業部長に提案する必要があると判断しました。

---

あなた：　新ブランドの認知度はどうだったの？

部　下：　全世代のブランド認知度は62％と、まずまずでした。

あなた：　そう。それで、ターゲットとしている30代〜40代の子育て世代のファミリー層はどうだった？

部　下：　それが48％と、思ったよりも低いことがわかりました。

あなた：　えっ？　その割には全体が高いよね。どの層が押し上げているの？

部　下：　ネットを中心にプロモーションをかけたせいか、20代のブランド認知度が80％と思いのほか高いです

> あなた：…ということは、現状ターゲットとしているファミリー層の認知度が低くて、将来ターゲット層となるであろう若者世代には届いているというところなのね。
>
> 部　下：そうなります。そこで考えたのですが今期の2Qはファミリー層をターゲットに一気に認知度を上げる大胆な施策が必要かと。
>
> あなた：そうね。それで、何かいい考えでもある？
>
> 部　下：夏休みに公開される洋画でファミリー向け大ヒット間違いなしと言われているのがありますよね。思い切ってその映画とコラボしてはどうかと…。費用はかなりかかるとは思います。おそらく30億ぐらいです。
>
> あなた：1Qのプロモーションで10億、年間60億だから残り50億。そのうちの30億を2Qにつぎ込むかどうかということね。
>
> 部　下：はい。

　この事例は、上司や顧客から与えられた案件ではなく、課題（目標）を見据えて、自主判断で課題を作り出したケースです。

　この例では、部下との会話から課題達成の方法を描いていく内容になっています。

部下の話を聴きながら、自分なりのアイデアや、頭に浮かんだことをメモしたり、会話の中でやりとりすることも多いはずです。

　ここでよくあるのは、「過去に似たような例は？」「他社の例は？」「最近ヒットしたものは？」というように類比例を挙げて差別化していくような方法です。

　プロモーション案は、よく、ブレインストーミングなどでアイデアを拡散させていく方法がとられますが、出てくるアイデアをキーワードで書き留めたり、関係性をつないでいく時にもフィンラ

**事例4　フィンランドカルタを使ったメモの例**

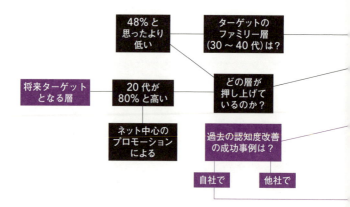

ンドカルタを使うとたすやくできます。

　会話を広げながらアイデアの種類や施策の方向を探る場面でも、フィンランドカルタを使うメリットは大きいと思います。

　部下からは映画とのコラボというアイデアが出ましたが、それをどう施策に導くか。問題点や課題は何か、実現できなかった場合の代案は？など、案を広げるだけでなく、掘り下げて行く場合にも便利です。

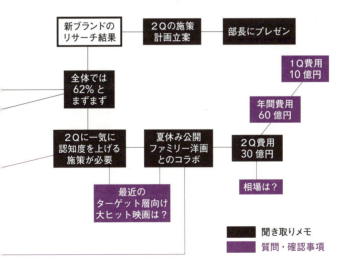

■**事例4　考える**

事例4「考える」のプロセスに入ります。

まず『今期中にターゲット層のブランド認知度を上げるためには』という課題を設定してミーティングを持ち、フィンランドカルタを使ってアイデアを出していくことにします。可能性のある案として次のようなものが出ました。

- 子どもに人気のアイドルにCM出演依頼
- 人気のアニメ作品へのスポンサーと作中使用
- 鉄道車両のラッピングPR
- 痛車イベントでのカスタムカーコンテスト
- ファミリーとペットのためのカスタム車提案
- ママタレ起用の子育てユーズ案
- アウトドアパパと子どものKキャンピングユーズ案
- 人気洋画で出てくるキャラクターの顔に、当該車種のフェイスがたまたま似ているので、そこを訴求点にするとノベルティ展開などにもつながりやすい…など。

次にこれらのアイデアを集約し、検討した結果「ターゲット層に絶大な人気のある夏休み公開ファミリー洋画とのコラボ」を施策の中心に据えることにしました。

ターゲットであるファミリー層に対して、タイミング的に家庭内イベントが多くなるであろう夏休みを活用して、2Qに一気に認知度を上げる施

事例4　フィンランドカルタを使ったアイデア拡散の例

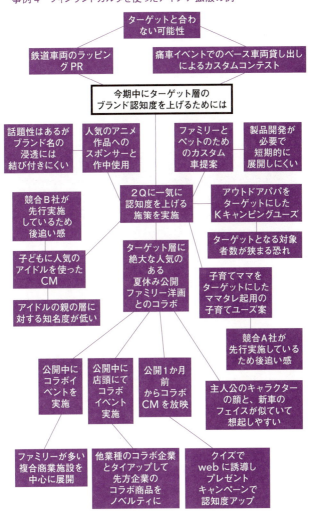

事例4　so how ツリー

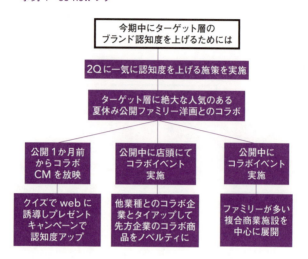

策を考えていきます。

　ここで so how ツリーを使って具体的にどういう施策があるかを検討します。

　まず『今期中にターゲット層のブランド認知度を上げるためには』を課題とすることにしました。

　映画公開前の施策として、2Qの初めである7月から、公開1か月前からコラボCMを放映します。

　さらに映画公開前CMの中でクイズを出し、専用webサイトからプレゼントに応募してもら

うことで、ブランド認知度を上げる仕掛けを実施します。

次に、8月中旬に映画が公開されたら、公開中に店頭にてコラボイベントを行います。

ここで、同映画とコラボレーションしている異業種企業とタイアップして、先方のコラボ商品を映画館前や劇場施設店舗などで開催する自社コラボイベントの来店者に対し、ノベルティとして配布します。これにより、コストを節約しながら相乗効果を狙います。

同じく、公開中にコラボイベントを実施します。これは映画館、劇場施設店舗以外で開催するもので、ターゲット層が集まる、ファミリーが多い複合商業施設を中心に展開します。

9月初めの映画公開終了までは、集中的なプロモーション活動により、一気にブランド認知を上げる狙いです。以降の3Q, 4Qは認知をブランド維持する施策へと移行します。

## ■事例4　伝える

事例4「伝える」のプロセスに入ります。

提案内容を決定したら、プレゼン全体のストーリー（流れ）をロジカルにするため「ロジカルチェックリスト」に各項目の内容を書き出してストーリーを作ります。

ロジカルチェックリスト

| | | |
|---|---|---|
| 1. 誰に？ | 相手 | 社内　事業部長 |
| 2. 何を引き起こす？ | ゴール | 2Q以降のプロモーションプランの承認 |
| 3. それはなぜ？ | 目的 | 調査結果で低い数値だったブランド認知度を上げる |
| 4. 主張 | 主張 | ターゲット層に絶大な人気のある夏休み公開ファミリー洋画とのコラボを実施<br><br>一気にブランド認知度を上げる<br><br>2Qに予算を多く配分する |

| | | |
|---|---|---|
| 5. 客観的理由 | 理由<br>＋裏づけ | 年度末リサーチの結果、ターゲット層のブランド認知度が低いことが判明<br><br>2Qに一気に認知を上げるため、人気洋画とコラボ<br><br>公開1か月前からコラボCMを放映<br>→クイズでwebに誘導しプレゼントキャンペーンで認知度アップ<br><br>公開中に映画館店頭にてコラボイベント実施<br>→他業種のコラボ企業とタイアップして先方企業のコラボ商品をノベルティに<br><br>公開中にコラボイベントを実施<br>→ファミリーが多い複合商業施設を中心に展開<br><br>予算配分：<br>1Q=10億<br>2Q=30億<br>3Q=12億<br>4Q=8億 |
| 6. 具体的行動 | 行動 | プランの承認と、予算配分・費用に対する承認<br><br>承認が得られたら具体的行動に移る |

○○会議資料

# ２Ｑプロモーション概要案

マーケティングチーム
上田　禎子

20○○年○月○日

---

## 年度末リサーチ結果と課題

ターゲット層の
ブランド認知度が低い

**全体 62%**
30～40代ファミリー層 48%
20代 80%

ターゲット層のブランド認知度アップが急務

---

## プロモーション戦略案

夏休み公開の家族向け
### 人気洋画と
### コラボレーション

予算の２Ｑへ傾斜配分

**スライド１（表紙）「２Ｑ　プロモーション概要案」**

このスライドを表示した状態で、手短に以下を話します。

・開始の挨拶、時間をとってくれたことに対するお礼
・自己紹介（不要な場合は省略）
・オープニング（なぜ、この話を聴く必要があるのか？）
・最終的にどうしてほしいのか
　（例：「ご承認いただきたいと思っています」など）

---

**スライド２「年度末リサーチ結果と課題」**

年度末に実施したマーケティングリサーチの結果を踏まえて、課題を簡潔に述べます。具体的な施策を提案する前の問題点や、前提条件を共有します。

・ターゲット層のブランド認知が低いこと
・そのために効果的な施策を打つ必要があること
＊配付資料例　リサーチ結果

---

**スライド３「プロモーション戦略案」**

簡潔に承認をもらいたい内容を伝えます。

・プロモーション案の内容概要
・提案に付随する予算の傾斜配分

## コラボレーション案　概要

映画公開前
### 施策① コラボCM

映画公開中
### 施策② 店頭イベント
### 施策③ 街頭イベント

---

公開前施策① コラボCM

30〜40代の子育て世代にヒットの可能性高

映画宣伝が始まる7月初めから
　　　　　　　　　　コラボCM

専用サイトに誘導、
プレゼントキャンペーン実施

---

公開中施策②③ コラボイベント

### 施策② 映画館店頭イベント
他業種企業タイアップでノベルティ配布

### 施策③ 街頭コラボイベント
ファミリーが多い複合商業施設を中心に街頭イベントでコラボ商品のノベルティ配布

**スライド4「コラボレーション案　概要」**

提案の概要だけを伝えます。これから話す詳細予告です。

・公開前の施策についてはコラボCM
・公開中の施策についてはコラボイベント

---

**スライド5「公開前　施策①　コラボＣＭ」**
施策①内容
・映画はターゲットである30〜40代の子育て世代にヒットする可能性が高い
・映画の宣伝が始まった直後の7月初めからコラボレーションＣＭを流す
・ＣＭでのクイズで専用webサイトに誘導、プレゼントキャンペーンで認知度をさらにアップ

---

**スライド6「公開中　施策②③　コラボイベント」**
施策②③内容
・施策②　公開期間中、映画館店頭イベント
他業種企業とタイアップでノベルティ配布。相乗効果およびプロモーション費用の削減も
・施策③　街頭コラボイベント実施
ファミリーが多い複合商業施設で街頭イベント実施
タイアップ企業のコラボ商品をノベルティ配布する

### 予算配分案

年間予算を
1Q： 10億円
**2Q：30億円**
3Q： 12億円
4Q： 8億円
　　の傾斜配分に

---

### 依頼事項

プロモーション戦略案
**夏休み公開の家族向け人気洋画とコラボレーション**

の承認と

**予算の2Qへの傾斜配分**

---

プロモーション案の詳細を詰め、

映画配給会社との交渉など

準備に入ります！

**スライド7「予算配分案」**

このスライドではどのように予算配分するかを伝えます。

・1Q〜4Qの予算総額提示
・2Qに厚くしたい

＊配付資料例　予算内容の詳細

---

**スライド8「依頼事項」**

このスライドでは事業部長に対して承認してほしいポイントを再度伝えます。
・プロモーション案
・予算の傾斜配分案

＊配付資料例　プロモーション実施案詳細

---

**スライド9　まとめ**

このスライドでは承認されたらどうするかというアクションを宣言します。

■**事例5　聴く**（レベルC・問題解決）

　あなたはメーカーの物流センター移転プロジェクトリーダーを任されています。

　物流センターはそれまで、茨城県取手市に構えていました。このたび、物流の効率化、輸送費の削減を図る目的で、神奈川県川崎市の港のそばに物流センターを移転する計画です。

　このプロジェクトの進行中に東日本大震災が発生し、取手物流センターは震度6弱で大きな被害が出ました。そこで今後の備えとしての策について、役員から相談を受けているところです。

---

役　員：取手物流センターの被害はどうだった？

あなた：震度6弱で大きな被害が出ました。建物自体も一部損壊で、在庫品も何割かは破損して使用できない状態でした。

役　員：最終的に被害はどれぐらいだ？

あなた：建物自体は賃貸です。在庫の被害は10億程度でした。ただし、物流センターが1か月は使用できなかったため、物流が止まることによる遺失利益も考えると50億程度は避けられませんでした。

役　員：やはり50億は大きいな。今後同じように復旧するのは難しいのではないか？

あなた：当時、取手物流センターを復旧させるのではなく、移転準備中だった川崎物流センターの稼働を1か月前倒しして、取手の在庫で無事だったものを早急に川崎に移送したので、1か月で稼働できました。

役　員：今後は同じような策がとれるのか？

あなた：いえ。もし当時のように川崎に移転準備をしていなかったら、被害は1か月分では済まなかったと思います。そこで、西日本にもう1つ物流拠点を作ってリスク分散した方がよいのではないかと思っています。

役　員：そうか。首都圏直下型地震、東海地震、南海トラフ地震と大きな地震が予想されているし、リスク分散のために複数のセンターを作ることも検討が必要かもしれないな。考えてみてくれるか？

あなた：わかりました。そこで確認させてください。川崎物流センターへの移転費用は改装工事を含めて総額20億円というところでした。仮にもう1か所センターを作ってリスク分散させる場合、場所にもよりますが、30億ぐらいでしたら予算的には大丈夫でしょうか？

役　員：そうだな。被害が50億。それを考えれば

　　　　　30億ぐらいが限度かな

**あなた**：当初、川崎とともに候補に挙がっていたのは名古屋ですが、リスク分散という点で考えると、もっと西の大阪か神戸も検討しようかと思うのですが、構いませんか？

**役　員**：うむ。船便、航空便の両方を考えるとその方が物流拠点としてはよいだろうな

**あなた**：わかりました。その線で具体的な計画を考えてみます。

事例5　フィンランドカルタを使ったメモの例

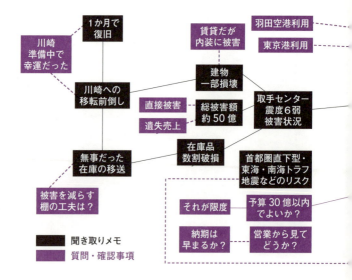

この例については、カルタのメモで押さえたポイントと関係性を簡潔にまとめると同時に、関係部署へのヒアリングなど、社内調整に関する展望などのメモ部分も記したものです。
　ヒアリング中は役員の用件を押さえていくだけでもいいのですが、同時に、「関係部署への調整は？」「他社の例は？」…というように枝だけつけておくのもいいかと思います。

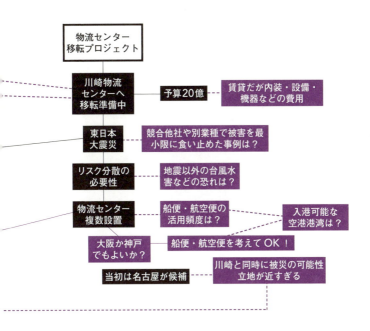

## ■事例5　考える

　事例5「考える」のプロセスに入ります。ここでは『震災による物流センター被害で経済的損失が大きい』を問題として、whyツリーを描いてみます。

　損失が大きかった理由は、在庫が一部破損したこと。出荷停止による売上STOPという理由によるものです。

　在庫が一部破損したのは物流センターが震源に近かったからで、コントロールできない要因です。

　出荷停止による売上STOPが生じた理由は、出荷するものがないこと。設備が壊れて出荷できないことが原因でした。

　出荷するものがないのは、他に保管されていない、つまり保管場所が1つだからです。

　もう1つの理由として、輸入品のためすぐには入荷できないということがありました。航空便で送れば早く届きますが、重量のある商品のため、空輸ではコストが見合いません。これについても改善のしようがありません。

　設備が壊れて出荷できないのは、周辺の道路の被害、建物が一部損壊したためで、これも震源が近かったことが理由で、コントロール不能です。

事例5　whyツリー

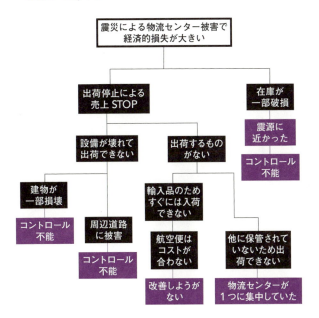

　地震の震源地や発生をコントロールできない以上、唯一改善できる方法があるとしたら、物流拠点を1つから複数にすることにより、リスクを分散することぐらいでしょう。

　そこで課題達成型の問題解決に切り替え、『物流センターの地震災害によるリスクを分散するには』という課題を設定して、so howツリーで対

事例5　so how ツリー

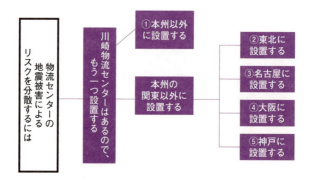

策案を考えてみましょう。

　すでに川崎物流センターは稼働しているので、もう1つ別のところにセンターを設置するのがよいでしょう。候補地としては、①本州以外か本州の関東以外になります。関東以外となると②東北、③名古屋、④大阪、⑤神戸を候補とします。

　これで5つの対策案ができました。これらを、AHP法を使って評価してみます。(→ p.206)

　評価項目は A. 通常の物流コストが低い、B. 港湾・国際空港に近い、C. 家賃が安い、の3つとします。この A〜C の評価項目を互いに重要度で評価し、出た値を掛け合わせたものを3分の1乗します。「物流コスト」に対する重要度は「港・

空港」がかなり重要と考えて『7』、「低家賃」は決定的に重要と考えて『9』とします。「港・空港」は「低家賃」に対してまあまあ重要と考えて『5』とします。

出た値を掛け合わせたものを3分の1乗し、重みづけ係数を算出します。

**重みづけ係数を計算する**

物流コスト：$(1 \times 7 \times 9) \times 3$ 分の1乗＝3.97905… → 3.98

港・空港：$(1/7 \times 1 \times 5) \times 3$ 分の1乗＝0.89390… → 0.89

低家賃：$(1/9 \times 1/5 \times 1) \times 3$ 分の1乗＝0.28114… → 0.28

この結果、小数点第3位を四捨五入して

(A) 通常の物流コストが低い＝3.98

(B) 港湾・国際空港に近い＝0.89

(C) 家賃が安い＝0.28

と重みづけ係数を算出しました。

最終的に［①本州以外］、［②東北］、［③名古屋］、［④大阪］、［⑤神戸］の5案を評価項目A～Cで5点満点で評価します。

＊本書では案の一対比較ではなく、絶対値の評価とします。判別しやすいように、最終案を5点満点で評価しています。

＊「誰を選ぶか」という意思決定の場合なら一対比較をよく使いますが、一対比較では、案と案の相対的な関係しか示さないため、本書の例のように、選択肢の優先順位をつける場合は、絶対評価を使って評価するケースが多いです。

### 事例5（レベルC・問題解決）AHP法による評価

案　①本州以外、②東北、③名古屋、④大阪、⑤神戸

評価項目
A. 通常の物流コストが低い
B. 港湾・国際空港に近い
C. 家賃が安い

**項目ごとに重要度を比較する**

|  | 物流コスト | 港・空港 | 低家賃 |
|---|---|---|---|
| 物流コスト | 1 | 7 | 9 |
| 港・空港 | 1/7 | 1 | 5 |
| 低家賃 | 1/9 | 1/5 | 1 |

**上を元に係数を算出する**

|  | 重みづけ係数 |
|---|---|
| 物流コスト | 3.98 |
| 港・空港 | 0.89 |
| 低家賃 | 0.28 |

**案①～⑤について、5点満点で評価し、係数を加味した上で計算する**

| 評価項目 | 物流コスト | 港・空港 | 低家賃 | 評価値 | 順位 |
|---|---|---|---|---|---|
| 重要度 | 3.98 | 0.89 | 0.28 |  |  |
| ①本州以外 | 1 | 4 | 5 | 8.94 | 5 |
| ②東北 | 2 | 4 | 4 | 12.64 | 4 |
| ③名古屋 | 4 | 5 | 3 | 21.21 | 3 |
| ④大阪 | 5 | 5 | 2 | 24.91 | 1 |
| ⑤神戸 | 5 | 4 | 3 | 24.30 | 2 |

AHP法による評価の結果、案［④大阪］となる

重みづけ係数と評価した値をかけたのものを合計します。

①本州以外 (3.98 × 1)+(0.89 × 4)+(0.28 × 5)=8.94
②東北　　 (3.98 × 2)+(0.89 × 4)+(0.28 × 4)=12.64
③名古屋　 (3.98 × 4)+(0.89 × 5)+(0.28 × 3)=21.21
④大阪　　 (3.98 × 5)+(0.89 × 5)+(0.28 × 2)=24.91
⑤神戸　　 (3.98 × 5)+(0.89 × 4)+(0.28 × 3)=24.30

この数値が高い順に順位を付けます。この結果、

第1位＝［④大阪］

第2位＝［⑤神戸］

第3位＝［③名古屋］

第4位＝［②東北］

第5位＝［①本州以外］

となります。これで、最も有力なプランは［④大阪］ということになりました。

このように、whyツリーで分解していっても、排除できない原因にぶつかった場合など、原因を排除する解決策を適用することが難しい場合には、課題を設定してso howツリーで解決策を考えるとうまくいくことがあります。

AHP法は何をどう評価した結果、その解決策になったのかが見える化できるため、ロジカルに説明しやすい意思決定法でもあります。

## ■事例5 伝える

事例5「伝える」のプロセスに入ります。

提案内容を決定したら、プレゼン全体のストーリー（流れ）をロジカルにするため「ロジカルチェックリスト」に各項目の内容を書き出してストーリーを作ります。

**ロジカルチェックリスト**

| | | |
|---|---|---|
| 1. 誰に？ | 相手 | 社内役員 |
| 2. 何を引き起こす？ | ゴール | 2つ目の物流センター設置案を役員会へ提案 |
| 3. それはなぜ？ | 目的 | 震災などによる被害金額を押えるためのリスク分散 |
| 4. 主張 | 主張 | 大阪に2つ目の物流センターを設置する |

| | | |
|---|---|---|
| 5. 客観的理由 | 理由<br>＋裏づけ | 震災により取手物流センターが被害を受けた<br><br>ちょうど移行準備中だった川崎物流センターの立ち上げを前倒しすることで被害は最小限にできた<br><br>今後、大地震の可能性が予想される中、国内に複数の物流センターを設置することによるリスク分散の必要性が高い<br><br>さまざまな角度から検討した結果、大阪に物流センターを設置する提案 |
| 6. 具体的行動 | 行動 | 上記プランの役員会への提案 |

## スライド1

○○会議資料

# 大阪物流センター設置の提案

物流統括本部
上田　禎

20○○年○月○日

## スライド2

震災による被害と課題

東日本大震災で、取手物流センター

**被害総額は 約50億円**

地震などのリスクを考えると、**関東以外**
に物流センターを設置することが得策

## スライド3

# 大阪に物流センターを設置

大阪はコスト面で賃料は高いものの
物流コストが低減できるため
十分に見合うものと考えられる

**スライド1（表紙）「大阪物流センター設置の提案」**

このスライドを表示した状態で、手短に以下を話します。

・開始の挨拶、時間をとってくれたことに対するお礼
・自己紹介（不要な場合は省略）
・オープニング（なぜ、この話を聴く必要があるのか？）
・最終的にどうしてほしいのか
　（例：「ご承認いただきたいと思っています」など）

---

**スライド2「震災による被害と課題」**

被害と、今後の課題を簡潔に述べます。

・東日本大震災で、取手物流センターに被害。この被害総額は出荷ストップによる遺失売上も含め、約50億円に上る。移行準備中だった川崎物流センターの稼働を前倒ししたことにより被害は最小限で食い止められた
・今後、首都圏直下型地震、東海地震、南海トラフ地震などのリスクを考えると、関東以外に物流センターを設置することが得策（リスク分散）
＊配付資料例　被害報告書

---

**スライド3「大阪に物流センターを設置」**

結論としての提案を一言で伝えます。
・結論と根拠

## 関東以外の拠点候補地

① 本州以外　北海道、九州、四国
② 東北、仙台
③ 名古屋
④ 大阪
⑤ 神戸

## 評価項目

A　立地からの配送コスト
B　国際空港・港などからの距離
C　賃料

A 物流コスト＞B 港からの距離＞C 低家賃とし、AHP 法を使って重みづけ係数を算出

## 評価結果

| 候補地 | 評価結果 | 順位 |
|---|---|---|
| ①本州以外 | 8.94 | 5 |
| ②東北 | 12.64 | 4 |
| ③名古屋 | 21.21 | 3 |
| ④大阪 | 24.91 | 1 |
| ⑤神戸 | 24.30 | 2 |

**スライド4「関東以外の拠点候補地」**
結論に至る根拠の説明として候補地について伝えます。
①本州以外…北海道、九州、四国　②東北、仙台など
③名古屋…中部国際空港、名古屋港、東名高速、名神高速と物流拠点として優れた立地。川崎を検討していた際のもう一つの候補地
④大阪…関西国際空港、大阪港、名神高速などの物流拠点として優れた立地
⑤神戸…神戸空港は現状、国際空港ではなく、関空使用、名神高速など

---

**スライド5「評価項目」**

評価項目とどのような重要度で考えたかを伝えます。
A　立地からの配送コスト
B　国際空港・港などからの距離
C　賃料
A 物流コスト＞B 港からの距離＞C 低家賃 とし、AHP法を使って重みづけ係数を算出することを説明します

---

**スライド6「評価結果」**

AHP法で評価した数値と順位を話します。

・評価結果と順位

1位　…大阪　　　2位　…神戸

3位　…名古屋　　4位　…東北　　5位本州以外


＊配付資料例　計算根拠

> 依頼事項　役員会への提案
>
> ・川崎への移転計画中であったため
> 　被害が最小限
>
> ・川崎物流センターに被害が出た場合、
> 　50億円の損害では済まない可能性大
>
> ・大阪に2つ目の物流拠点を設置提案

**スライド7「依頼事項　役員会への提案」**

役員会で提案してほしいポイントを伝えます。

背景…今回はたまたま川崎への移転計画中であったために被害が最小限に食い止められた

懸念されるリスク…川崎物流センターに被害が出た場合、50億円の損害では済まない可能性が大きい

対策案…そこで大阪に2つ目の物流拠点を設置することを提案していただきたい

## ■事例5　ハンドアウト（添付資料）

　この事例の場合、配付資料として想定できるポイントと一例を挙げておきます。

　役員に対するプレゼンは、まず簡潔に目的・主旨・具体策・コストなどが大枠で伝わるようにプレゼンを準備します。

　しかし、さまざまな立場の担当役員がいるので、関心のあるポイントも、それぞれ異なります。

　そこで各担当役員ごとに、どのような質問や疑問が出てくるかを考え、質問や反論された場合に備えて、あらかじめ説明資料を作成準備することが望ましいでしょう。

　役割や責任に伴う質問のほか、役員の個性によって出てくるであろう質問や疑問には可能な限り、シミュレートして用意しておくとスムーズに進みます。

　役員会でいきなり新規に提案すると、拒絶や驚き、とまどいから手続き論で質疑応答が終了してしまうような反応が予測される場合もあります。

　そんな時には、あらかじめ詳細に事前説明したり、次回の役員会で提案されることを知っておいてもらったり、可能であれば先に説得しておくなどの根回しも、日本企業では有効になる場合もあ

るでしょう。こうした事情も踏まえ、今回のような例の場合、少なくとも次のような対策資料を用意する必要があります。

## 0. プレゼンそのものに関して根拠となる資料
a. 被害報告書
b. AHP法による計算根拠

## 1. 業務系担当役員への対策
a. 輸入通関から入庫までの物流について、運用方法・効率・コストについての説明と予測値
b. 出荷配送業務について、配送先エリア、運用方法・効率・コストについての説明と予測値
c. 川崎と大阪の在庫融通などが必要な場合の運用方法・コスト

## 2. 営業系担当役員への対策
a. 配送エリアの確認
b. 得意先納期の変化
c. 納期遅延リスク計算と対策案

## 3. 総務人事、管理系担当役員への対策
a. 人員配置と不足分の現地採用見込み、予算、人

員補充に関する手当、習熟計画など

## 4. 財務系担当役員への対策
a. 工事コスト計算と発注業者のリストアップ
b. 賃料などの運用コストの見積
c. 川崎物流センターが被害にあった場合の対応方法とコスト見積
d. 川崎物流センターが被害にあった場合で大阪センターがない場合の被害見積
e. 大阪物流センターが被害にあった場合の対応方法とコスト見積

## 5. 社長室への対策
a. 以上すべての資料を統括した意思決定に必要な資料

　会社によって必要な資料や書類はさまざまでしょうが、社内のプレゼンであれば、「あの人ならどんな質問をするか、何を言ってくるか」ということを事前に可能な限り用意します。

■**事例6　聴く**（レベルC・課題達成）

　あなたは中堅専門商社の社員です。この会社は食品および食品添加物の分野で非常に強みを発揮してきました。

　業績は堅調に推移しているものの、このたび、社長から全社員に向けて、次のような提案がありました。
「食品業界というのは浮き沈みが少なく比較的長い間安定的なマーケットを創出してきたと言える。しかし、このまま続くかどうかは不透明な時代に入ってきた。そこで社員の諸君に斬新な新規事業提案を期待したい。今後10年、20年先を見据えた提案を期待している！」とのことでした。

　この話を受けて事業部長の命で、部内にプロジェクトチームが作られ、あなたはリーダーに任命されます。そして3か月後に、役員会に提言をするよう命じられました。

---

**あなた**：新規事業提案ですね。ポイントは今後10〜20年の柱になるような将来性でしょうか？

**部　長**：そうだな。だからと言って、あまりにも実現不可能で非現実的なものだったり、斬新

> すぎるのもなぁ…。
>
> あなた：なるほど、非現実的であったり、あまりにも今までの自社の強みと無縁すぎても検討しにくいということでしょうかね。
>
> 部　長：そうだね。うちは食品関係には強みがあるからなぁ。かといって、そのものでは新しさに欠けるしな…。
>
> あなた：社長の言葉のニュアンスですと、すぐに黒字化を求めているというより、じっくり育てていっても構わないから将来性のある事業を期待されているように思うのですが…
>
> 部　長：私もそう感じているよ。皆で検討してみてくれるかい？
>
> あなた：承知しました。3か月後の役員会の前に、まずは3週間後、素案を部長にプレゼンさせてください。
>
> 部　長：頼んだよ。

　まず、社長の言葉や部長のヒアリングからは具体的な事業案というのがイメージしづらいと思います。これを単純にメモした例が、次のページになります。

事例6　フィンランドカルタによる単純なメモの例

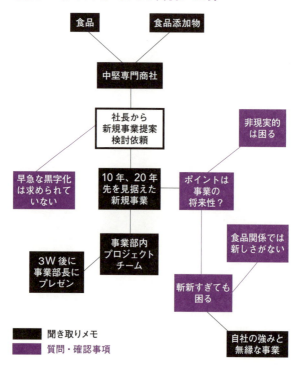

　この例の場合、部長との話をメモにするのは比較的易しいと思います。

　ただし、達成すべき課題そのものが、非常に抽象的で幅広い（達成すべき状態を具体的に表現しにくい）ことが挙げられます。

対前年比150％のような、具体的数値目標とは違って、「いつまでに、何をどうする」ということから考えていかなければなりません。

　しかも、どんな事業を始めるかというところから考える必要があるので、so howツリーでいくにも、まずはアイデア出しから着手し、そのアイデアについて「実現するにはどうするか」ということを考えていったほうがよさそうです。

　社長の話の中に出てきたキーワードは「今後10年、20年先を見据えた事業を提案」ということでしたし、部長との話で出てきたキーワードは「実現不可能で非現実的なものだったり、斬新すぎるのも困る」「食品関係には強みがあるが、かといって、そのものでは新しさに欠ける」ということでした。

　このメモから「自社の強みを生かしつつ、食品関係以外の分野」という線が1つ見えてきます。

　直感的なものでも、事業提案の方向性や資源投入の可能性などもメモの枝としてつけておくと、次の「考える」のステップに移りやすくなるのではないかと思います。

## ■事例6　考える

事例6「考える」のプロセスに入ります。

まず、課題を『10〜20年先を見据えた新規事業』とします。

この場合、達成すべき課題が非常に抽象的で幅広い（達成すべき状態を具体的に表現しにくい）のと、そもそも参考になるような事業が既に存在しているわけではないため、ロジックツリーではな

事例6　フィンランドカルタを使ったアイデア拡散例

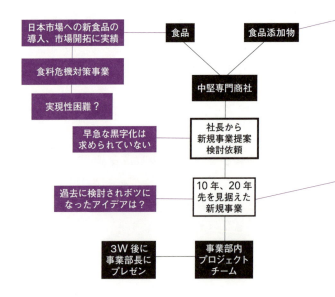

く、フィンランドカルタを使ったアイデアの拡散を使ってみます。与えられたテーマは今後10〜20年先を見据えた新規事業ですが、あまり唐突なものではなく、ある程度、自社の強みと関連するような事業が求められています。

そこでまず、自社の強みから検討してみることにしました。

自社の強みとして考えられるのは、食品輸入販

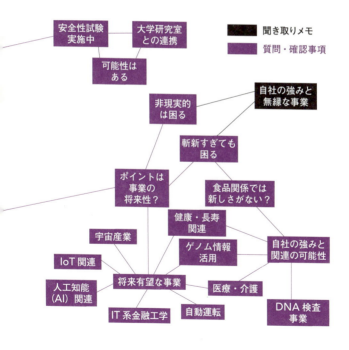

売、食品添加物販売、そして食品添加物の安全性検査という3つがあります。

　食品の輸入販売に関連するところでは、日本市場への新食品の導入、市場開拓に実績があることが挙げられます。

　そこで、食料危機や災害備蓄用食品として食料危機対策の可能性を考えてみました。

　この食料危機対策事業については、長期保存技術の導入や開発、外部委託といった方法を考えなければならないことがあります。これにはかなり大がかりな資金投入や、業務提携が必要になってくることも視野に入れる必要もありそうです。

　保存技術を別にした場合、どこでも作れる、誰でも作れる、栄養価が高いといった食材が見つけられれば、非常に有望です。

　しかしこれらは残念ながら現時点では No Idea ですので、有力な食材が見つかった時点で具体的に検討することが妥当だと考えられます。

　自社の強みに関連したところだと、食品添加物にかかわる事業はどうかを検討してみます。こちらは、安全性試験を実施中でもあり、大学研究室との連携もできている分野で、可能性がありそうです。

次に、自社の強みから無縁の事業案について検討してみます。さまざまなものがありますが、将来性の高い事業として、人工知能関連ビジネス、宇宙関連ビジネス、健康・長寿関連ビジネスの3つを考えてみました。

将来性のある事業のうち、当社の強みに関連する可能性があるのは、健康・長寿関連事業が考えられます。

そこで、ゲノム情報を活用した、DNA検査事業という案を思いつきました。

これは、食品添加物検査で培った技術や大学の研究室との連携も活かすことが可能です。

なおかつ、検査結果により、予想される疾患を予防する食品の販売をしていくことにもつなげられる可能性がありそうです。

検査技術の確立には研究投資が必要となりますが、長期的なスタンスでとり組むこともできます。

この部分をアウトソースするというアイデアもありますが、ここが今後の事業基盤を形成すると考えられるので、自社でとり組む価値は十分にあると思われます。

## ■事例6 伝える

事例6「伝える」のプロセスに入ります。

提案内容を決定したら、プレゼン全体のストーリー（流れ）をロジカルにするため「ロジカルチェックリスト」に各項目の内容を書き出してストーリーを作ります。

**ロジカルチェックリスト**

| | | |
|---|---|---|
| 1. 誰に？ | 相手 | 社内事業部長 |
| 2. 何を引き起こす？ | ゴール | 役員に対し将来を見据えた新規事業提案をしてもらう |
| 3. それはなぜ？ | 目的 | 長期的な展望での将来を担う事業の検討 |
| 4. 主張 | 主張 | DNA検査事業を始める |

| | | |
|---|---|---|
| 5. 客観的理由 | 理由<br>＋裏づけ | 当社の強みは食品関連と検査技術<br><br>強みと関連の深く、将来性があるのは健康分野<br><br>そこでDNA検査事業<br><br>社会的にも歴史的にもまだ始まったばかりの事業分野<br><br>検査結果から予防すべき疾患情報を得る<br><br>対策となる食品へとつなげる<br><br>添加物の検査技術・経験があり、大学との連携の実績もあることから、うまく産学連携で進めれば可能 |
| 6. 具体的行動 | 行動 | 上記プランの役員会への提案 |

○○会議資料

# DNA検査事業の提案

新規事業検討プロジェクトチーム
上田　禎子

20○○年○月○日

---

## 結論

## DNA検査事業を提案します

Company ：自社の強みが行かせる
Customer ：将来性が高い健康関連分野
Competitor：まだ競合も少ない

---

## 自社の強み（Company）

**強み**
食品、食品添加物、添加物検査技術

**大学との連携**
食品添加物検査で連携実績
DNA検査も連携で進められる

### スライド１（表紙）「ＤＮＡ検査事業の提案」

このスライドを表示した状態で、手短に以下を話します。

・開始の挨拶、時間をとってくれたことに対するお礼
・自己紹介（不要な場合は省略）
・オープニング（なぜ、この話を聴く必要があるのか？）
・最終的にどうしてほしいのか
　（例：「ご承認いただきたいと思っています」など）

---

### スライド２「結論」

結論と、３Ｃのポイントを簡潔に述べます。

結論　…DNA検査事業の提案
３Ｃ　…根拠としての3C分析の結果を述べる
Company　：自社の強みが行かせる
Customer　：将来性が高い健康関連分野
Competitor：まだ競合も少ない

---

### スライド３「自社の強み（Company）」

・当社の強みを持つ事業には、食品、食品添加物、添加物検査技術があること
・大学との連携については、食品添加物検査で大学との連携実績あり。DNA検査に関しても産学連携で進められる目処がつけられそうなこと
＊配付資料例　連携中プロジェクトと研究機関リスト

## 市場の将来性 (Customer)

将来有望な分野

# 人工知能
# 宇宙産業
# 健康関連

中でも健康関連事業に対するニーズは非常に高い

---

## 競合 (Competitor)

- まだ競合が少ない
- 現在数社が実施し始めている
- 医療分野に限った会社が多い
- 食品関連で行っている会社はない

---

## 新規事業提案

### DNA 検査事業

必要があれば産学連携で技術習得

予防すべき疾患予想と、食品を結び付ける

これらの情報に基づく食品事業の展開

**是非とも役員会でご提案ください！**

### スライド4「市場の将来性（Customer）」

将来性の高い分野、市場、顧客の状況と自社の強みとの関連について伝えます。

・将来有望な分野として考えられる分野
・自社の強みとの関連
＊配付資料例　市場予測、調査結果

---

### スライド5「競合（Competitor）」

DNA検査事業については、まだ競合が少ない状況であることを説明します。

＊配付資料例　参入企業例（全世界対象）

---

### スライド6「新規事業提案」

結論としての提案を簡潔に伝えます。また、依頼事項について伝えます。
・結論
・ポイント
・依頼事項

## ■事例6　ハンドアウト（添付資料）

　この事例については、与件が『10年〜20年先を見据えた新事業』についての提案ですので、初めの提案の段階では詳細な情報までは準備できないかもしれません。しかしなぜ「これならいける！」と判断したのかという根拠となる情報はプレゼンの中で簡潔に伝え、配付資料である程度の裏づけをする必要があります。

　話を聞いている役員に、この提案の可能性を高く感じてもらえるほど「具体的にはどうするんだろう？」という疑問がわくはずです。

　したがって、可能な限り具体的に、実践するための方法についても検討しておくことが求められます。もちろん、将来の話ですから予測にすべて根拠となるデータがあるわけがありません。

　逆にもしデータがあるような事業であれば、既に世の中では実現していて成功者が存在するという話になってしまいます。

　そこで、プレゼンでの提案根拠となる数少ない情報の中で、できるだけ答えに窮しないような資料を準備する必要が出てくるでしょう。

　答えられない質問が出ることも想定できますが、初回のプレゼンでは「この他にどのような情

報があれば、トップマネジメントは意思決定できるのか？」という情報を探るつもりでプレゼンに臨むことも大切だと思います。

ここではいくつかの想定される質問を書き出してみました。

## 0. プレゼンそのものに関して根拠となる資料
a. 連携中プロジェクトと研究機関リスト
b. 市場予測、調査結果
c. 参入企業例（全世界対象）

## 1. 技術系担当役員からの想定質問
a. すでに実施している企業にける例を参考に、どのような技術、設備、人材、人数などが必要になるのか？
b. 自社内でそれらの検査を今からスタートして、商用レベルに引き上げるのにどの程度の時間とコストが必要なのか？
c. 産学連携を進める場合に、協力が得られそうな研究室はどこか？
d. すでに技術を持つ企業で、買収可能なところはあるか？
e. 検査結果と予想される疾患などの医学情報を得

る方法は？
f. 予想疾患と栄養情報、食品情報を結びつける方法は？
g. 上記に対応してくれそうな大学研究室、研究所などの見込みは？

## 2. 財務担当役員からの想定質問
a. 現状のDNA検査市場の企業における投資額、売上額などの情報
b. 今後の市場規模などの予測情報
c. 自社内で実施、産学連携、技術を持つ既存企業の買収などのそれぞれのコスト試算
d. 向こう10年程度の投資額、売上額の予測グラフ、いつ頃の黒字化を目指すのか？

## 3. 法務担当役員からの想定質問
a. 医事法・薬事法など、法律関係の予想される問題は？
b. 規制当局から指導される事項は考えられるか？

## 4. 社長室への提出事項
a. 以上の資料を統括したプロジェクトの立ち上げを意思決定するのに必要な情報

●引用文献

Kevin Carroll , Bob Elliott『ビジネスは30秒で話せ!』すばる舎

諸葛 正弥『フィンランド式メソッド実践テキスト』毎日コミュニケーションズ

A. Mehrabian and S.R. Ferris, "Inference of attitudes from nonverbal communication in two channels," Journal of Consulting Psychology, Vol.31, pp 248-252. 1967

A. Mehrabian and M. Wiener, "Decoding of Inconsistent Communications," Journal of Personality and Social Psychology, Vol. 6, No. 1, pp. 109-114. 1967

A. Mehrabian, Silent messages, Implicit Communication of Emotions and Attitudes, Wadsworth Pub. Co. 1972 2nd Ed 1986 邦訳・西田司ほか共訳『非言語コミュニケーション』聖文社 1986


●参考文献

Edward.T.Hall 'High- and low-context cultures' "Beyond-Culture" Anchor Books

安田 正『ロジカルコミュニケーション』日本実業出版社

安田 正『17秒会話術』明日香出版社

小林 朝夫『大人のためのフィンランド式勉強法』ロングセラーズ

Barbara Minto『考える技術・書く技術 ワークブック〈上〉〈下〉』ダイヤモンド社

山田 雅夫『図解力の基本』日本実業出版社

茂木 秀昭『論理的な話し方が面白いほど身につく本』KADOKAWA/中経出版

Carmine Gallo『スティーブジョブス驚異のプレゼン』日経BP社

大石 哲之『3分でわかるロジカルシンキングの基本』日本実業出版社

Tony Buzan, Barry Buzan『ザ・マインドマップ』ダイヤモンド社

中村 力『ビジネスで使いこなす 入門定量分析』日本実業出版社

高橋 政史『マインドマップ問題解決』ダイヤモンド社
池上 彰『わかりやすく〈伝える〉技術』講談社
池上 彰『伝える力』PHP研究所
池上 彰『相手に伝わる話し方』講談社
高橋 恵治『あたりまえだけどなかなかできない 文章のルール』明日香出版社
阿部 紘久『文章力の基本』日本実業出版社
大串 亜由美『15秒でツカみ90秒でオトすアサーティブ交渉術』ダイヤモンド社
大串 亜由美『たったひと言で相手を動かすアサーティブ営業力』ダイヤモンド社
小川 進・平井 孝志『3分でわかるクリティカルシンキングの基本』日本実業出版社
山下 貴史『3分でわかるラテラルシンキングの基本』日本実業出版社
Herb Cohen『FBIアカデミーで教える心理交渉術』日本経済新聞出版社
麻殖生 健治『ビジネス・ネゴシエーション入門』中央経済社
堀 公俊・加藤 彰『ロジカルディスカッション』日本経済新聞出版社
畑村 洋太郎『失敗学のすすめ』講談社
畑村 洋太郎『決定版 失敗学の法則』文藝春秋
池田 貴将『未来記憶』サンマーク出版

# おわりに

　振り返ってみると様々な出会いがなければ、今回の本の執筆は実現していなかったと強く思います。

　まずはビジネスの何たるかを教えていただき、さまざまなチャンスを下さったNEC時代の先輩や上司の皆様。この出会いがなければ、企業研修の講師はできなかったことでしょう。

　転職し、人材育成の道を歩んでいた私に講師としてのいろはから教えてくださった師であり、AMAを紹介してくださった中村直弘様。中村さんとともにプログラム開発を行ってきた経験や私のファシリテーションに対していただいた数々のフィードバックが、私の講師力を育んでくれました。

　それから16年間、ともに歩んできたAMA（GKMC）スタッフの仲間たち。

　そして、講師としてかかわらせていただいた多くの研修の参加者の皆様。研修のたびに参加された皆様からのフィードバックが、研修の内容と質を高めてくれました。

　こうして実施していた「論理的コミュニケーション」という研修に目をつけ、一介の講師である私にビジネス書の執筆のお話を下さったすばる舎様。本書の執筆に際しても多大なるご協力をいただきました。

　全ての皆様に心より感謝申し上げます。本当にありがとうございました。

最後に、執筆期間中、全面的にサポートしくれた家族にも感謝しています。ありがとうございました。
「先生は何で NEC をやめて転職なさったのですか？」研修の合間によく参加者の皆様から質問されます。NEC での仕事は大好きでしたし、充実していましたし、何一つ不満はありませんでした。そんな私が転職して人材育成の道へ進もうと思った最大の理由は、「リーダーを育てる仕事がしたい」からでした。それまでの 10 年間の実務経験を通じて様々な場面で、「リーダーが変われば組織が変わる」という事例を目の当たりにしてきました。「どうせ人生をかけて仕事をするならリーダーを育てる仕事がしたい」、この強い思いが転職をさせ、今日に至る講師業の原動力となっています。
「プレゼンテーションは苦手」、「論理的に話すのは苦手」という方がたくさんいらっしゃいます。ある意味で当然です。なぜなら学んでいなかったのですから。ただ訓練していなかっただけなのです。だから逆に言えば、「やればできる！」のです。
「論理的なコミュニケーション」や「プレゼンテーション」を通して皆様が仕事で活躍される、本書がそのきっかけとなることを願っています。


2016 年 10 月吉日

上田　禎

## 【著者紹介】
### 上田 禎（うえだ・ただし）

グローバルナレッジマネジメントセンター講師
慶應義塾大学商学部卒業
NECで海外向けマーケティング業務、アジア地域を中心とした海外現地法人支援業務のほか、システムを中心としたコンサルティング業務に10年間従事。その後、能力開発・人材教育会社において、個人を対象としたセミナーの講師やパソコンスクール経営・指導者を務めた。2001年からAMAのシステム責任者としてのサポートの一方で、研修プログラムの開発支援、さらに講師として活躍。業務分析から問題提起し、システムの構築、普及運用までを行うシステムアナリストの経験から、ロジカルに考え、伝達する能力を要する領域に強い。専門分野は、クリティカルシンキング、ロジカルコミュニケーション、ビジネスプレゼンテーション、マーケティング、マネジメントなど、多岐にわたる。

装幀・トレース：廣田清子／Office SunRa
編集協力：グローバル ナレッジ マネジメントセンター株式会社

---

## ビジネスはロジカルに伝える！

2016年10月27日 第1刷発行

著 者 ── 上田 禎
発行者 ── 徳留 慶太郎
発行所 ── 株式会社すばる舎
　　　　　〒170-0013 東京都豊島区東池袋3-9-7 東池袋織本ビル
　　　　　TEL　03-3981-8651（代表）03-3981-0767（営業部直通）
　　　　　FAX　03-3981-8638
　　　　　URL　http://www.subarusya.jp/
　　　　　振替　00140-7-116563
印 刷 ── 株式会社シナノ

落丁・乱丁本はお取り替えいたします
©Tadashi Ueda 2016 Printed in Japan
ISBN978-4-7991-0554-2

## すばる舎ビジネス書　好評既刊のご案内

# ビジネスは30秒で話せ！

Kevin Carroll , Bob Elliott, 高松 綾子 訳

ビジネスプラン発表やコンペでのプレゼン、商談、採用面接 etc…。
人前で簡潔に話し、目的を達するためのプレゼンテーションは、短く簡潔に伝えるだけでは不十分。
米国トップ企業で指導したコミュニケーション・コンサルタントが教える、聞き手を動かすビジネスプレゼンのテクニック。

**本体価格 1,400 円 + 税**
ISBN978-4-7991-0404-0